君子可以寓意于物，而不可以留意于物。

——选自苏轼《宝绘堂记》

靈玉探賾

李惠新◎著

張湯文題

百花文艺出版社
BAIHUA LITERATURE AND ART PUBLISHING HOUSE

图书在版编目（CIP）数据

灵玉探赜/李惠新著.—天津：百花文艺出版社，2009.1

ISBN 978-7-5306-5167-4

Ⅰ.灵… Ⅱ.李… Ⅲ.古玉器—鉴赏—中国 Ⅳ.K876.8

中国版本图书馆CIP数据核字（2008）第206154号

百花文艺出版社出版发行

地址：天津市和平区西康路35号

邮编：300051

e-mail:bhpubl@public.tpt.tj.cn

http://www.bhpubl.com.cn

发行部电话:(022)23332651　邮购部电话:(022)27695043

全国新华书店经销

天津市汇源印刷有限公司印刷

*

开本787×1092毫米　1/16　印张 16.5

2009年2月第1版　2009年2月第1次印刷

印数：1-6000册　定价：69.00元

目 录

前 言

首先需要说明的是：如果你有机会翻阅完这本有点儿图片也有点儿文字的拙著，那么，千万不要以为对于古玉的认识，因此就识得了真品、学得了鉴赏、懂得了深浅。因为，作为一个一直在古玉这条长河边蹒跚学步而少有长进的爱玉者，限于专业的贫乏，和对于古玉研习探究方面的疏浅，是不可能为读者提供一条学习的捷径的。又加上古玉作为一门学科，也具有“非共识性”学术探讨的诸多特点，因此一己之见总是不能穷究其中深不见底的是非与奥妙。但如果，我们把千秋古玉比作为一个奇丽漫长的艺术长廊，你仅仅是在紧张的工作或生活之余，在偶有闲情逸致的状态之下，愿意翻翻这些平面的图片和文字，并且从中与笔者一起，通过这些图文片断，多少分享到一点点我们华夏民族历史的、或文化的、或审美的营养，以及它们所能给你带来的种种微渺的乐趣，那么，除此之外，你所获得的另一种回报，便是——我对你消耗了宝贵的时间来阅读此书表示由衷的感谢！

汇集在这本拙著中的那些古玉图片，除了自己的一部分珍藏之外，大多是采撷于朋友们的藏品。这几年来，每每为古玉独有的魅力所迷惑，愈来愈深地陷入到这个光芒喷薄的境地中去，完全是一种不由自主的行为。就像是一个强大的磁场，在你走到它边缘的那一刻，即被轻易地吸收了过去，让你欲罢不能。

后来才发现，集结在这个磁场周围的，竟有不少朋友，着迷于古玉——大多是从偶然的喜好开始，一不小心就上了瘾来，于是跌爬滚打一路走去，最终便到了不能自拔的地步。那么其中的喜怒哀乐，都凝聚成了点滴的成功结晶。这样，“人有群分”尔后“物以类聚”——我做的工作，就是将散落在各处的遗珠穿缀在一起，于是就有了本书的问世。

在我看来，大凡想做一件事，总要做得明明白白。极起码，在你自己大致明白了才去做它。那是因为见多了在古玉收藏这个领域，糊里糊涂的事情实在也是太普遍了的缘故。但明白与糊涂之间，则特别的难于明辨。你说自己明白了，但在别人看来你依然很糊涂；反之，你看别人很糊涂，但在他看来自己已十分明白。甚至，你看别人是糊涂的，而自己则是同样的糊涂得“一塌糊涂”，这就是“五十步笑一百步”的样子了。因此，看到有的朋友，在不断的挫折中终于品尝到了对于古玉真赝辨识的本事和收获，哪怕只是一点点，也是觉着非常的欣慰。但同时，看到也有的朋友，在不断的摔打中跌跌撞撞，甚至于走火入魔——虽然对于那种“屡战屡败，屡败屡战”的精神甚是佩服——但终会生出一种无可奈何的感觉。而最大的无奈还是，也许在你生出这种感觉的时候，在他眼里的你却是另一种冥顽不化的表现呢。这样的时候，也就只有无言了。有话说“真理越辩越明”，而对古玉这门学科，也许不适用。

但事情说回来，古玉的深奥，在诸多学科中确实无与伦比。一些一目了然的真品，当然都能看懂。但更多的，则是需要我们审慎地思辨才能得出结论的。简单的肯定或否定也许都是不够明智的态度。这其中，经验主义起到一种非常不好的作用。再说，在这个没有科学仪器测定、没有标准定律、也没有统一答案的古玉鉴藏领域里，谁能保证自己是掌握了绝对的真理呢？没有。更何况，工艺技术的进步和玉工聪明才智的不断长进，其所体现的惊人成果，常常让人始料不及。又加上真伪专家与真伪古玉一样多得如过江之鲫，人民币更是成了另外一个更加强大的磁场，将人的情操、良心和灵魂等等一股脑儿地吸了进去。事情到了这种地步，还有什么真理而言呢？只有天知道！

于是联想到上古时代的玉器，其深藏的奥妙，有不少同样是“天知道”的秘密，才激发了后人丰富的联想和探究的欲望。就如周人在不了解生育原理的情况下，将始祖的诞生，误认为姜嫄踩了巨人的脚印所致一样，以臆想来解释事态的结果，也是在古玉理解上的最常见的现象。所以对于天、地、鬼、神，这些远古玉器所体现出来的种种气韵，是需要我们下大力气予以求证探索的。这样，在古玉的内涵上，就基本上不存在唯一性的结论，除非找到了确凿的文字依据。同理，涉及古玉的真赝，虽然有一些大致可以辩白的原理，比如形制，比如工艺特征，比如沁色。但由于物质形态的千变万化以及历史文化背景的千差万别，使古玉的辨识标准，几乎没有规律性可遁。这就使许多关于古玉的谜语，只有到上帝那儿才能找到答案。“天知道！”——其中就有求索的烦恼，当然也有追求的乐趣！

然而我想，任何一种真理，在没有完全的浮出水面之前，“天知道”只是一个躲避现实的遁词。我从来认为，在社会科学方面，人类所积累的智慧结晶几乎已经达到了登峰造极的地步，那就是那些关于修身、养性、积德、治天下的一系列理念，几千年来日渐深入人心而几成共识。而在自然科学方面，则依然是深渊万丈漫无止境，比如月球、星海、人体秘密……等等，未可知的领域千千万万。古玉的科学辨识亦是如此。一辈子的学习也许只能获悉些皮毛。但即便这样，对于一门深不可测的学问来说，“天知道”只是表示接近本质的距离太过遥远，却并不表示认识它一定遥不可及。也就是说，目前不为认知的事物，随着科学的发展和文明的进步，以及人们认知水平的提高，“天知道”的事情就一定变为“人知道”的结果。这里的前提，不是没完没了的争执和声嘶力竭的自我标榜，而是科学态度，而是学习精神，而是对事物客观存在的真实把握。如果你做到了这些，那么，就等于有了入门的资本。至于真相，什么时候能够揭晓？只有一句话：假以时日！

不错！假以时日。这需要耐心，需要等待，需要我们不断的学习和探索。

我深知于自己知识的贫乏和涵养的浅薄，因此对于神圣而通灵的古玉，本不具备品鉴和评说的资格。更何况自身的体会与理解，又免不了局限和褊狭，认为不免有许多“以其昏昏 使人昭昭“的地方。这也是我图文成书以后惶惶不

可终日的原因之一。但尽管如此，痴迷于古玉，并沉醉其间，在历史与文化的海洋里徜徉，这已是我远离世俗与浮躁的最好的精神归宿。我不能不以我的真诚与热情，来保持这种来之不易的感悟与操守。我不能不以我的有限的能力，为那些流落在异地他乡的民间古玉遗珍，做一点结编成集的工作，以向世人一展它们的风姿。我并不认为这是一件做得很好了的事情，但我认为，从一个普及和推广的角度来看，我为古玉文化的弘扬，尽了一点微力。我愿意不断地贡献出自己的微力——只要我有一天健康年轻、只要我有一天热爱古玉。

由是，面对古玉，我只能借用《逸周书》中的一句话来作为本文的结束：

“钦哉！钦哉！余夙夜求之无射。”

李惠新

2008 年 5 月 2 日于沪宁线上

Nonghan88@yahoo.com.cn

古玉的美学精神与文化误解

英国科学家、历史学家李约瑟教授说过："对玉的爱好，可以说是中国文化特色之一。三千多年以来，玉的质地、形状和颜色一直启发着雕刻家、画家和诗人们的灵感。"确定的考古资料证明，华夏民族崇尚和追求玉器的历史，可以追溯到遥远的新石器时代早期。玉器，这一寄托着中华民族伟大的精神本体和凝聚着人类祖先智慧结晶的神圣精灵，非但是华夏社会进步和发展的见证，即便在世界文明的发展史上，同样可以抹上浓重的一笔。因此，与一切曾经风光而最终难免烟飞尘灭的事物不同，如果说在我们的视野中，有一种确实能称之永恒之美的物质存在于这个世间的话，那便是——玉器！可以认为，人类历史经过了漫长而艰辛的跋涉历程，从始于社会原始生活中的"事神"灵物，到宗教世界中的图腾标志，又到儒家以玉比德之风的盛行，这种温润的"石头"，当其秀外慧中的美质一旦为人们所认可并逐渐定格化了的时候，其恒久的魅力就别无更为恰当的器物好替代了的了。

但是世间美的事物，并不是每个人都能发现并享用的。只有那些具备了一定的审美感悟和丰富的情感体验的人，才有可能进入美的境界。对玉器尤其是古代玉器的欣赏更是如此。质、形、色、工，等等，如果你能从它们身上找到了玉器的美学指向，从而获得的一种情感上的愉悦和精神上的和谐感，并且产生一种赏心悦目的共鸣，那么你算是发现了作为艺术品的玉器，以及它所蕴含的美的真谛。

质美　质美是指材质之美。从玉文化的发展迹象看，古人用玉的过程似乎是个不断认识材质的过程。玉石不分是其最为原始的选材原则，说明玉后来所以被广泛使用并具有持久的生命力，其中一个重要的原因便是古人由石器的使用进而发现了比石器更美更好的各式玉材，又通过大量的用玉实践，最终形成了与我们趋于一致的美玉标准。古人对材质的不断发现和认知，体现了先人对美的不断认识和审美感悟能力的不断总结提高。“美石即玉”，是对玉石具象化的感悟。“温润如玉”，是对玉的内在美质有了进一步的揭示。而孔子将玉喻德，并列举出诸如“温润而泽”、“其声清越”、“气如白虹”等等特质，更是完成了对玉质的审美的全部过程。“玉之美，在其质，由其质”（《礼记·效特性》）。可见，古人对玉的选择，首先是从材质上去认识的。真美的古玉，一定凝聚着古人良苦的用心，其质地必然一方面具有时代烙印，另一方面给人的第一视觉感受是和谐而又温润的。即便因为千年掩埋本色殆尽，但精光内蕴的特质（皮壳、包浆），则依然会显露无遗。如果你领略了这点，如果你对玉的各种质地之美的表现有了很好的感悟，那么面对一件玉器，不管它如何之巧立名目，你就不会为那些灰暗枯涩或贼光四溅的赝品所蛊惑了。感悟质美，是你领略玉器之美的首要条件。

形美 古玉的器型既是古代用玉制度和用玉思想的需要，也是古人审美观念的集中体现。无论是巫玉、神玉还是王玉及至世俗化用玉时代，玉的器型都是古人对神权、生命和大自然的高度想象的审美产物。因此，每一件古玉的器型，都是经过玉匠精心构思、巧妙雕琢的艺术作品，而不是马虎草率、随意为之的摆设。它必须是有灵性的、生动的、整体和谐的，而不是生硬的、呆滞的，生搬硬凑的。即便是不同的材质、不同的器型、不同的雕琢，但其形态却有异曲同工之美。它们不管是用刀简洁而利索，或是繁缛而华丽，或是拙朴而素雅，或是流畅而生动……神工鬼斧而形神毕现。它们或剪裁巧妙，或构思奇特，或纤细，或粗犷，或凝重，或灵动，或肃穆，或飘逸，或大气磅礴，或小巧玲珑……千姿百态，不一而足。古人无穷的创造性智慧，使我们叹为观止。可以认为，玉器的造型，是玉工艺人对时代精神的再塑造，以及对特定社会生活的美的追求和提炼。一琮一璧，可以观照过去的历史；一佩一饰，可以透视消逝的世界。每一件器型，无不浓缩先人的政治意志和审美倾向。因此，形美首先基于神美，是内涵之美溢于玉表。如果有这样的玉器，不经意间进入了你的视野：圆雕件形状怪异而又扎眼，佩饰件比例失调而又别扭，人物件面目呆滞无神，而动物件又缺少精气神韵，那么，十有八九，那不是一件真正的美丽的古玉了。

色美 这里所说的色美其实包含了两层意思：一是玉的本色美，二是古玉的沁色美。应该说，只要具备了这两层意思中的任何一种审美要求，那么，这样的古玉都是美玉。玉的本色美无须赘述了，大凡会辨玉材者都会懂得。青、白、黄、墨、绿，虽以白、黄为上佳，但若糅合其他因素（精工、巧色等），亦各有所长。再说沁色之美，那才是一种意蕴深厚、无以言表的美丽。古玉沁色的形成过程，是历史的年轮深深刻上的印记。在它身上，无疑包含了社会人文学、历史学、地质学、物理学、化学、美学、风俗学等等丰富浩瀚的信息量，它记录了沧桑的社会发展面貌，反映了风云变幻的时代动荡，昭示了大自然所赋予的种种神奇演变。因此，真古玉的沁色，对于我们的审美感悟应该是多角度、多层面、立体化的。长期以来，有人曾将沁色看作是一种病态美，那是既违背唯物主义原则也违背了审美的多样化精神。在特定的历史时期，“首德次符”代表了一种功利化的用玉思想，而一味的求新求白的用玉要求又多少带有一种世俗化倾向。由此可见，沁色美之于古玉鉴赏，需要逾越两道屏障：建立沁色美的审美标准和认识沁色美的真实内涵。真古玉的沁色，应该是丰富、多变和自然的，它非但能给人一种多姿多彩的美学感受，而且更能让人领略到一种沧桑的气息。如果真要说病态的话，赝品古玉的“沁色”，才是名符其实的。但是须知，即便如此，美与病态之间，有时也只是一步之遥呢。

工美　常常在欣赏一件玉器的时候，总是为其巧夺天工的构思和工艺而感慨，这与读《诗经》时读到“如切如磋”、“如琢如磨”时感受到的情景，是一脉相承的。工艺之美，同样带有时代的印痕。每个时代的工艺，都有其不同的美妙之处。因此，在某种程度上，对玉器工艺之美的欣赏，同时也是对历史生产力和不同时代审美观念的回顾。石器时代的工具是简陋的，因此其工艺应该是稚拙古朴的；铜器时代的工艺开始向精细发展，而铁器发明以后，其工艺则愈益精美。但古朴是一种美，繁华是一种美；沧桑是一种美，鲜亮也是一种美。只是，每种美给人的感悟不同罢了。就是那些不用一刀、不琢一纹的玉器，也不应视作为无工之玉，那是因为古人从天然的形、质中，发现了另一种天造地设的美“工”。于是，有时我们用那些色彩缤纷的美去比照形形色色的古玉伪品，不能不发现，一个功利性十足的时势底下，在一个没有读懂古玉内涵和掌握美的真谛的玉工手里，是不会雕琢或创造出与真美融为一体的玉器来的。仿西周的，找不到那种流畅婉转的斜刀一面坡工；仿春秋的，找不到那种华丽规整的剔地与压地浅浮雕；仿战国的，谷纹平滑，已找不到扎手的感觉；仿西汉的，线条笨拙而粗陋，也找不到游丝般的跳刀迹象……总之，没有了殷商的文雅、春秋的繁缛、汉工的豪放、魏晋的精巧、隋唐的圆浑，那么试想，这样的“古玉”，还有何美之有呢?

由是可见,美,是一种客观存在。而玉器之美,尤其是古代玉器之美,更是一种独具魅力的生生事实。它承载了我们伟大民族深邃厚重的历史人文内涵之外,还凝结着先人对于美的孜孜不倦的探索精神。因此,作为一种内外兼具的美的独一无二的化身,它不但有别于青铜、陶瓷、字画等其他艺术品,而且更有别于世间一切可以以僵化的价格衡量来作出价值判断的世俗化的物品。不言而喻,对玉器的文化误解,就是将后者与玉器混为一谈的结果。

玉器与商品 玉器虽然不是商品化社会的产物,但玉器最终成为商品还是成为了必然。起源于新石器时代的玉器,是完全脱离了商品功能的巫、神之器。玉器是至高无上的王权与财富的象征。"圭璧、金璋,不鬻于市";"锦文、珠玉成器,不鬻于市"(《礼记·王制》),玉器成为帝王贵族神圣不可侵犯的标志。而在"礼崩乐坏"的社会动荡中,玉器才开始进入商品的行列,故而有了"先王以珠玉为上币,黄金为中币,刀布为下币"(《管子·轻重》)一说。因此,从某种角度看,玉器成为商品与人类社会进化和生产力发展有着密不可分的因果关系。

但是,与一切物质生产领域的商品不同。玉器之为商品,首先是因为人们认识了它所蕴含的无法估量的价值内涵,因此它与通常意义上的商品有着截然不同的概念。一件小小的白璧竟然"价值连城",这就是通常意义上的商品所不能解决的问题。玉器进入了市场,它就具备了商品的属性。所不同的是,体现作为商品的玉器的价格因素,不是它的实用性而是它的内涵。也就是说,玉器的价格是玉器的政治宗教价值、人文历史价值和文化审美价值的总和。从这个角度上说,玉器是商品,但又不是纯粹意义上的商品。因此,玉器首先是一种没有任何功利性质的神器或礼器,其次是一种没有商业意味的艺术品,尔后,它才是一种为世人所推崇并用于交易的商品。玉器的这种从宗教象征到艺术品到商品的演化,使玉器价值内涵的深度远远超出所有的实用性商品。它是无形的、没有价格标尺的;它是不能量化,甚至可以说是深不可测的,而不是论斤两论大小可以作出价格衡量的。"黄金有价玉无价",就是这种形态的最好写照。因此,不承认玉器是商品,不是一个唯物主义者;而把玉器完全与商品等同在一起,则不能不说一种非常荒谬的文化误解了。

玉器与工艺品 玉器一旦成为商品,它就有可能成为民间所拥有的饰物。这样,玉器的世俗化色彩也就不可避免地变得越来越浓重了。原因很简单,当玉器的功能从至高无上的礼乐跌落到只剩下装点贵族士大夫生活、粉饰太平的玩物了的时候，玉器的艺术功能就会一点点消失，而日益为乏有内涵的工艺品功能所替代。玉器降低了自己的身份，如王谢之燕飞进了百姓之家，从社会发展的立场看，是一种进步，是财富再分配的一种趋势。但不容忽视的事实是，民间世俗化的需要使玉器的艺术品质受到了严重的挑战，因而玉器的审美价值打了大大的折扣。为艺术品的玉器成为了为工艺品的玉器，又不能不说是一种退步。

艺术与工艺，虽然只是一字之差，但其涵盖的内容却是有着天壤之别。艺术侧重的是内涵，而工艺侧重的是外在。艺术当然包涵了工艺，而工艺决不等同于艺术。艺术品给人以提升品位、丰富内涵和愉悦精神的功能，而工艺品则在粉饰现实、装点生活、美化人身方面具有实在的作用。它们之间虽有关联，却是两条不同的支流，殊途而不同归，一个流向高雅的艺术殿堂，一个流向世俗的社会。在一个多元化的社会中，没有必要和理由改变这样的流向。需要改变的，是我们面对艺术与生活所采取的态度。生活需要大量的工艺品。但玉器作品不应成为泛滥着的工艺品的主流。生活需要时尚，但玉器是艺术创作的最好素材而不应成为时尚的附庸。生活容忍世俗，但玉器应该成为从世俗中脱颖而出的艺术精灵。不然，面对一个玉英缤纷的世界，面对为世人所崇尚的“山川之精英”，不单是一种文化的误解，而更是一种宝贵的艺术素材和天然资源的巨大浪费了。

玉器与奢侈品　不言而喻，玉器从被发现和使用初的巫神之玉，到演变成帝王诸侯的礼仪及生活饰品的时候，千百年来它尊贵的地位就一直都没有被动摇过。在漫长的封建统治时代，玉器永远是权势、地位和财富的代表。从有文字记载的历史看，自当进入奴隶社会的夏代开始，玉器的功能定位从纯粹的宗教意识开始向王权政治倾斜，并且日渐成为王侯贵族们统治工具和实力象征。这样，对于玉器的疯狂攫取和巧取豪夺就成了帝王生活的一个重要主题。这在殷商似乎有登峰造极的表演。“纣作琼室，饰以美玉，七年乃成。”（《帝王世纪》）可见一斑。而《逸周书·世俘》所载“凡武王俘商旧玉亿有百万”的说法，也就并非空穴来风了。由此可见对于玉器的疯狂追逐，使夏、商二位末代统治者彻彻底底扮演了“穷奢极欲”的角色。自此后一直至汉，玉器的占有对象总是在王侯贵族之间，而商贾巨富或有占用，却未必能成为主体。《周礼》明确规定“以玉作六瑞，以等邦国”，可见玉器在其时的政治、经济和社会生活中，绝对占有着至高无上的地位。

但是，需要说明的是，玉器在上古时代所以具有如此重要和别的任何财富所不可比拟的地位，其决定因素并不是它的经济价值而是它的精神内涵。玉器从原始社会始至封建社会早期，其神圣的内质与温润美丽的外表不断地影响并改变着先人固有的审美理念，从而日趋形成了以孔子为代表的一套较为完整的儒家玉器价值观念。因此，要说上古时代玉器之为奢侈品，首先还是出于精神财富上的追求，其次才是珠宝概念上的攫取。这与时人将玉器的占有，常常为显示其自身身份、地位及虚荣的标志，绝不是同一种概念。玉器文化发展到今天，无可回避地沾满了商品经济的铜锈，这已经是一个不容回避的现实。对于时尚的附庸风雅、对于时髦的盲目追赶，以及对于玉器潜在经济价值的疯狂的炒作，非但让众多的民众陷入了以玉求安的唯心主义境地和以玉博富的股市式泥淖，更使大部分自诩为崇玉爱玉的富翁新贵，获取了赖于标榜自身品位的特权。与香车美女豪宅盛宴一样，玉器一旦成了现代新贵阶层的随身之物，其所蕴含的深邃博大的文化意义，也就跟着一点点地消失殆尽了。

2008 年 5 月 10 日于南京秦淮河畔

思维定势与古玉鉴识“障眼”

所谓思维定势，是指人们用某种固定的思维模式去观察问题和解决问题，这种固定的模式是已知的、既定的、事先有所准备的。因此，简单地说，思维定势是人们在长期实践中形成的格式化思维模式。

思维定势有其积极的一面，它能调动人们思维信息库中的经验，根据面临的问题联想起已经解决的类似的问题，将新事物的特征与旧事物的特征进行比较，抓住新旧事物的共同特征，从而找到分析和解决新问题的途径或方法。但由于定势思维更多的是它的“惯性”现象，是一种习惯性的思维联系，因此当面临的问题在条件发生质的变化时，这种思维方式容易造成知识和经验的负迁移，使人陷入墨守成规的境地，从而自觉或不自觉地形成分析和解决问题的“障眼”或误区。思维定势在古玉鉴识中的负面作用同样应该引起我们的重视。面对千姿百态、千变万化的古玉世界，借助于已有的经验和知识成果能为我们开启一扇观照之门，但不能不看到，经验与本本并不是一把鉴识古玉的万能的钥匙。恰恰相反，经验与本本一旦在思维中凝固定格，便反而成了僵化的教条。如果以此运用于古玉鉴藏的实践，那么产生这样那样的“障眼”或误区，也就势在必然了。

笔者试以风格特征、刀工技法、纹饰特点、质变形态等方面为例，谈谈思维定势在古玉鉴识中的负效应以及颠覆这种思维方式的必要，从而为建立一种科学的古玉鉴识立场和方法，提出自己的一己之见。

关于风格特征　古玉的风格特征是指不同历史时期的古玉本身所呈现出

图一　西汉　玉舞人
陕西省西安市三桥镇汉墓出土
现藏于西安市文物商店

图二　西汉　玉舞
安徽省临泉县西郊古城出土
现藏于阜阳市博物馆

来的时代精神和文化面貌。从距今八千多年前的兴隆洼时期起，历史为我们展现了一个五彩缤纷的古玉天地。总体而言，从宏观上来说，新石器时期的简朴神奇、商周时期的典雅古拙、春秋战国时期的繁缛华丽、两汉时期的生动流畅……形成了各个时期鲜明的时代风格。这种风格便为我们鉴别古玉真伪留下了一个可资参考的依据。但是，辩证法总是适用于对于各种事物的处理——如果将宏观的观照教条地应用于不同的微观个案，毫无疑问，在认识上便肯定会出现“障眼”的可能。我们以一组汉代玉舞人为例，来看看即便是同一时代同一题材的玉器，在体现风格的某些细节上也是存在着多么明显的差距！通常对于汉代玉舞人的理解：从衣着看，当“长裙拽地”，“翘袖折腰”，此所谓“表飞縠之长袖，舞细腰以抑扬”；而舞姿则是“婀娜飘绕”，“曼妙生动”，宛若游龙登云，一似杨柳当风；神态也必“眉清目秀”，“脉脉含情”，以合“以歌舞娱上者”之时尚。如图一所示，出土于陕西省西安市三桥镇汉墓这件玉舞人，形象秀美，姿态婀娜，神情温柔，雕琢精细，无论从形体到神韵，都非常具有那个时代鲜明的风格特征。对于这种典型性风格，长期的观赏和揣摩会使我们的大脑堆积成一种信息，这种信息对正确理解汉代舞人的形、神必定会起到积极的作用。但必须注意的是，重复的信息堆砌也是极易形成思维定势的一种催生剂。也即当你如果只是定格在这种思维形式中的时候，那么也必定会被同时代不同风格的其他形式的物件所束缚，而不能作出正确的判断。图二为出土于安徽省临泉县西郊古城的玉舞人，与图一相比，除了找到“翘袖折腰”这个相似点之外，在表情、姿态与雕琢的精细度方面，都已经失却前者所提供的信息格局了。但它恰恰同样是一件真品。而图三与图四，要么不能体现其时“善舞”之“长袖”的特点，要么连“细腰”的要素都不具备了，而且从神态看，似有愁眉苦脸或竖眉冷眼之嫌，如果一定要套用图一所提供的风格特征经验或知识去衡量，那么自然会变得无所适从了。举这个例子，目的是为了说明在古玉鉴识的过程中，风格特征是可以作为我们参照的标准，但千万不要以僵化性的思维应用其中，以免造成一叶障目的错误。

关于器型形制 器型形制是构成古玉风格特征的载体。因此，代表各个时代风格特征的诸如琮、璧、圭、璜、觿、玦、韘、佩等各种形制的古代玉器，便同样成了我们得以参照的“标准器”。长期以来，“标准器”是我们观照古玉真赝的重要条件之一。离开了“标准器”的学习，缺乏以“标准器”为内容的信息量，便会丧失对玉器古制的正确理解。这也是一种常识。问题在于，在古玉辨识中，如果将对于“标准器”的理解作为“缘木求鱼”的手段，将“重要的”观照条件作为“唯一的”鉴识依据，那么，不可避免会犯经验主义的毛病。所以，当你遇到一件器型奇异、形制特别的古代玉器时，万万不能因为没有“标准器”的依据比照而轻易将其否定。因为在古玉形制方面，笔者只想强调一个观点，那就是：千万不要低估了古人在玉器制作方面丰富的艺术想象力和创造性思维。图

图三　西汉　玉舞人
安徽省天长市安乐北岗汉墓出土
现藏于天长市博物馆

图四　西汉　玉舞人
广东省广州市象岗南越王墓出土
现藏于广州西汉南越王博物馆

图五　石家河文化
人面形玉牌饰
湖北省天门市石河镇肖家屋脊出土
现藏于荆州博物馆

图六　商代晚期
兽面形玉饰
山东省滕州市前掌大出土

五的石家河文化期人面形玉牌饰与图六的晚商兽面形玉饰，在器型形制上都有与常规迥异的地方。先看那件人面形玉牌饰，最大的异样之处竟是“无目”，且仅左面部穿一圆孔，与同时期的其他同类玉器相比，这种貌似“残缺”的构思形式有点令人不解。图六那件商代晚期的兽面形玉饰，器型的奇特似乎也有悖于同时代的兽面纹“标准”概念。它以圆形穿孔为目，单阴线刻窄鼻，鼻翼上卷，而最大的“缺陷”，则口部被省略了。“无目”之人与“无嘴”之兽，我们说，对于这两件玉器，可是无出土依据可循，而是仅以思维定势中“标准器”的定义去衡量鉴别，那么肯定是远远不够的。因为它不能涵盖“标准器”之外的其他信息。在玉器的使用价值上，今人的认知与古人的创造性追求相比较，在某些地方也许还不能完全形成一致的共识。这也是无可否认的一个事实。因此，面对一些形制特殊的古玉，换一种思维方式思考或探究比简单化的否定更有意义。当然，我们谈器型形制，这只是问题的一个方面。鉴识古玉，除器型形制之外，本文所要探讨的诸如刀法纹饰质变形态其他视点，应该通通都在考虑之内。

关于刀工技法　由于历史的发展和社会的进步，古玉雕琢的刀工手法也是不断地发展和进步着。笔者认为，这里有两种情况需要注意：一是不同的刀工技法可以发生在不同的时代，二是同一时代也会存在不同的刀工技法。也就是说，雕琢工具和手法的运用，并不是一种一成不变的模式。管钻和桯钻的运用应该有非常久远的历史了，但双阴起阳、一面坡斜刀以及游丝描雕等手法也许只存在于某个特定的历史时期。因此，技巧的时代特征和手法的多样化表现是我们辩证领会古玉“资质”的思维方式。图七、图八、图九同是出土于河南南阳殷墟的玉器。它们虽为同一时代的玉器，但在制作时就分别侧重采用了双阴挤阳线、阴刻线和减地浮雕等三种技法。灵活地运用这三种技法也是商代晚期玉器雕琢的主要特点。并且，根据功能用途及表现效果需要，在运用这三种刀法时，可以精致而缜密（如图七），也可以简洁而利索（如图八），同时更可以看似粗糙实质稚拙而古朴的风格(如图九)。这正是玉工在不同技法之下不同的匠心所在。即便是对于同一时代刀工的理解，如果只知其一而不知其二、三、四、五，那么也会让我们的视野变得狭窄，从而容易陷入思维的误区。

图七　殷商　龙形玉
河南省南阳殷墟出土

图八　殷商　兽面形饰
河南省南阳殷墟出土

关于纹饰特点　如前所述，同理：一定时代的文化、宗教和审美意识会决定或影响一定时代的玉器纹饰特点；一定时代不同地域的文化、宗教和审美意识同样会对玉器的纹饰特点产生影响。但由于古人对于艺术创造的多样性追求，因此即使是同一时代同一地域的古代玉器，纹饰图案有时也会呈现出同中有异、异中有同这一千姿百态的状况。如果仅仅拘泥于一种宏观的认识，而不在微观上对纹饰特点作科学的、实事求是的分析，那么势必给在古玉的鉴识断代上带来困难。举例说，战国至两汉期间，剑饰上的螭龙是被经常应用的题材。对于汉代的螭龙，通常的描述是：浮雕。螭首作正视，形似猫科动物，耳成“几”字状，后伏于颈背。直鼻，平嘴。尾细长鬈曲，饰纽丝纹。爪足向身两侧外伸，作穿于云气间的爬行状（如图十）。这种典型的纹饰特征非常典型地体现了这一特定时代气势磅礴的楚汉气韵。但这种楚汉气韵，有时并不都是通过这种定格了的、典型的纹饰表现出来的。而且在有些时候，它可能更是一种“异类”的表达。而正是这种看似“异类”的表达，才更能体现出古代玉琢艺人对于审美情趣的多样化追求和不拘一格的创新精神。如图十一所示，这件同样琢有螭龙的西汉玉剑饰，如果没有出土记录，是否因为纹饰的怪异而让人一眼生疑？此件螭龙，头似狗，菱形目，尖耳，唇上下分卷，呈回首拱背状，线条简洁，体态灵巧，与典型的汉代螭龙相比，应该说少了威猛与张力，而多了敏捷与拙朴。由此看来，林林总总的古玉世界，有些貌似生疏的纹饰工艺，并不只是一种形式的变异，而是古代琢玉艺人既忠于时代风格又不囿于固有格局的大胆探索。因此，如果因为纹饰特点——“形式”上的突兀而让我们在古玉鉴识中形成不应有的“障眼”，那么，一定是我们对于古玉的认识和理解上，存在着一定的美学局限或思维障碍。

图九　殷商　兽面形饰
河南省南阳殷墟出土

图十　西汉　玉剑首
广东省广州市象岗南越王墓出土
现藏于广州西汉南越王博物馆

关于质变形态　笔者曾专门就这一问题表述过自己的一些浅见。这里只是从思维方式这个角度重申一下本人的几个观点：一、历史年代、地域环境与玉器本身结构，是形成古玉质地形态的主要因素。虽然这三种因素对于古玉的质变都是起着非常重要的作用，但却不是互为因果关系。也就是说，古玉质变的严重程度，可能取决于这三种因素，也可能取决于其中一种因素。二、相比之下，地域环境对于质变形态的丰富和复杂性起到更为重要的作用。也就是说，地域环境的优劣好坏，会不可避免地给古玉留下或深或浅的印记。坊间常说的“北方坑”、“南方坑”、“干坑”、“水坑”等等，就是不同地域环境的不同称法。三、千变万化的地域环境会使古玉的表、里呈现出千变万化的形态，这也是我们认识古玉质变形态的基点。因此，蚀迹斑斑、沧桑满目的古玉果然能非常容易地为我们所辨认。但千万不要忽视了那些质变形态比较特殊的古玉，在它们或外表“温和”或质感“内秀”或色泽“妖艳”的形态之下，依然能让我们寻找到消逝的岁月和历史的痕迹。图十二的殷商鸟形玉佩，如果仅从这种“温和”的表象来看，很可能会被人一眼打入冷宫，因为在它身上，几乎找不到一点质变后的面貌。而同是殷商时代的兽面玉饰（图八），其质变的形态表现方式则不是出现在玉表而是出现在由内而外的质地变化上。这两种情况，与传统意义上的古玉受沁后色泽的表现有着明显的反差。这种反差会经常的跳入我们的视野之中，形成一种惯性，干扰我们的视线。因此，颠覆这种惯性，用一种合乎逻辑的新视野去观照古玉质变形态，也许不失一种更为科学的方法。而事实上，综合用材、器型、玉表氧化膜、风格特色等种种方面，而不是“抓其一点，不及其余”，才更是我们所要采纳的方法和提倡的态度。

图十一　西汉　玉剑
安徽省巢湖市放王岗出土
现藏于巢湖市博物馆

图十二　殷商　鸟形佩
河南省南阳殷墟出土

综上所述，在对于古玉的断代和真伪的辨别中，思维方式会起到至关重要的作用。面对一件形制离奇、技法特别、或风格怪异的古玉，不能因为缺乏信息库内相似标准的比照而轻易作出否定的判断。

古玉的“神韵”之美与鉴藏犯忌

“神韵”一词，在古玉收藏界具有极高的使用频率。通常，有经验的专家总是视“神韵”为古玉鉴识的要旨或灵魂。而坊间一些老到的藏家，每每端详一件真赝未卜的玉器，如果最后得出的感觉是“缺一口气”或者“有一点味道”之类的结论，那么，这里的所谓“气”与“味道”，大致指的也就是“神韵”。可见，如果要肯定或否定一件古玉，没有比“神韵”两字更有说服或杀伤力了。“神韵”在古玉的辨别和断代上，有时确实能够起到举足轻重的作用。

那么，“神韵”是什么？如何去玩味或把握古玉“神韵”的审美内涵？这确实是一个古玉鉴藏者不能不去关注和弄清的问题。我们说，顾名思义，所谓“神韵”，“神”者，神态、神采也——这是属于表象的视觉感受；而“韵”者，气韵、韵味也——则是属于内在的心理感受。是不是可以这样认为：在我们的审美过程中，如果通过对器物的表象特征观察，从而能够体味出器物本身由内而外自然散发出来的一种精神或气质，那么，我们也就等于抓住了该件物体的“神韵”。因此，“神韵”只是一种传神而又含蓄的审美范畴。只有能够称得上“形神兼备”的古玉或一切艺术品，才算是具备了“神韵”的特质。

但现在的问题是，由于经验、学识和涵养；立场、观点和方法；焦距、视角和感悟……等等方面的差异或距离，使人们在对于古玉神韵的理解上，存在着极大的分歧或异义。面对一件被评说的玉器，智者见智，而仁者见仁。但孰智孰仁？又常常是众说纷纭。这就牵涉到了在古玉收藏领域一个非常现实而又严峻的问题，那就是，如何以审美的视觉，透过不同时代古玉所承载的历史文化内涵，并以此为切入点，来正确理解并把握“神韵”的真谛，这，也许是我们得以走出理解黑洞的一个方法。

从美学意义上来理解“神韵”的内涵，范畴宽广。这里举几个例子，看看能否对于我们在感悟古玉的“神韵”上，有着哪怕些许的启示？

狞厉之美　中国古代玉器，不但记录了新石器时期以来人类社会进步和发展的全部过程，而且还是经过了血与火洗礼的华夏文明的最好见证。大概从炎黄时代直到殷周，大规模的氏族部落之间的合并战争，以及由此而来的残酷的掳杀、俘获和暴力压迫，是史前最普遍的社会场景。因此，对这种野蛮吞并的炫耀和对暴力与武功的张扬，以期达到震慑异族、保佑自身的神力，便是古代艺术体系中狞厉之美得以产生并不断发展的土壤。这种艺术的表现，在以“食人未咽”的饕餮纹装饰的商周青铜礼器中达到了登峰造极的程度。因此，在“以玉为兵”的时代及其之后，玉器毫不例外地扮演了这样的角色。从良渚时期的神人骑兽玉饰和大量出土的兽面纹玉琮来看，那种神秘而又可怖的狞厉之气已经跃然于眼前。而商周时期反复出现的饕餮纹玉饰以及神情或庄重肃穆或威猛狰狞的玉人玉兽更是这个时代美学精神的标准符号。以图一为例，我们看到，玉工在刻划玉人时所展现的圆瞪的双目、龇咧的大嘴、体现男人性别特征的略显夸张的鼻子，以及威武而严正的面部表情，线里刀间都显示了一种神圣不可冒犯的狞厉之美。这种玉人首形象，尽管粗野，甚至可怖，却仍然保持着巨大的美学魅力。如果不注入其时强烈的宗教信念和精神血液，是断不能随意塑造和刻划的。其实，即使是商周以后，战汉时代不少凶悍的龙、兽玉佩、辟邪，直至今天民间所流行的钟馗门神等等，都可以看到这种狞厉之美的影子。人们对玉的功能得出最终 “辟邪、护身、保平安”的结论，不能不说是这种原始美学观念的延续。

图一　真品　西周玉人像
美国弗利尔艺术陈列馆

但是狞厉之美，不等于神态怪异面目可憎。“远不是任何狰狞神秘都能成为美。恰好相反，后世那些张牙舞爪的各类人、神造型或动物形象，尽管如何夸

图二　赝品　现代仿西周人首佩

耀威吓恐惧，却徒然只显其空虚可笑而已。”（李泽厚《美的历程》）。这里的界限是，只有那种无论如何端详都能体现到从骨子里散发出来的神圣和庄严，只有那种渗透在古玉的每一寸玉地每一根线条每一个元素中的威猛和肃穆，才能与古人形象思维中真正的狞厉之美挂得起钩来。而那种只有狰狞的脸面但严重缺乏内在的神采和震撼人心的威慑力的所谓图腾玉件（图二），同是一副可怖面目，但任由你如何审视都只是一种点与线的堆砌而全无庄重之感，因此充其量纯粹是一种玩偶般的摆设了。美，一定是有内涵的。而摆设，只需要一个没有生气的形状或轮廓罢了。

拙朴之美　同样，原始的美又总是带有一种拙朴之气。就如孩提时的一颦一笑一举一动一样，这种稚拙的行为虽然看去不够成熟，却呈现着一种愉悦人心的可爱。这种审美理念的由来也许是古人无为而为之的经验积累。不事雕饰而尽显质朴自然之美，既是一种追求形、质之美的艺术创造，更需要有大巧若拙的智慧。《礼记》有这样的说法：大圭不琢，美其质也（《礼记·郊特牲》）。可见在上古的玉器雕琢中，早就有这样的一种艺术境界。那些貌似随意的、稚拙的，而又不失灵动和情趣的古玉作品，则一定是古代玉工丰富的精神积累和殚精竭虑的构思结果。图三的玉兽面形饰，从器型到神态到工艺特色，都给人一种简朴而又不失庄重的拙朴之美。以牛或羊首为题材的兽面玉饰，为商代晚期较为流行的一种玉器佩件。猜测其原因盖出于虔诚的宗教祭祀需要。因此造型求朴实凝重，形态求肃穆庄严，而工艺修饰则力避俏丽花哨而追求工整简洁，以达到“宁拙毋巧、宁丑毋媚”、“返璞归真”的创作目的和审美效果。该兽面形玉饰构思明快、纹饰简朴、刀法干净利落，其所表现的内在特质，便是这种美学形态的典型体现。须知，这种质朴天然的朴拙之美，美在“以天合天，雕琢复朴”，它显现的是个体自然物的自然而然的内在生命力，是抛离了功利世界中的杂念、纵身大化、物我同一的审美活动，体现的是一种宁静、和谐、自由、永恒的境界，因此，拙朴之美亦是一种今人所不能模拟和达到的高级的审美意识。

要说古玉之奥妙，这便是其中之一。

但必须注意，“呆滞” 不是 “拙朴”。一件同样形似古朴而实质从中看不出一丝生气的现代玉器仿品，我们则不能以拙朴之美等同视之。如图四所示，类似的伪作，它的致命的破绽便是严重脱离了时代的特点，将自身的主观意向强加于古人的艺术创造之中。如果愿意仔细体味，就会发现，首先，这样的纹饰及工艺特点缺乏其时的社会生活依据，也就是为同时代的无中生有之物；其次，它的凝滞的神态和毫无生气的造型又与同时代玉器的艺术底蕴大相径庭。缺乏一定时代特定的生活体验和艺术熏陶，怎么可能创造出刻有那个时代烙印的艺术品来呢？

图三　真品　殷商　兽面形饰
河南省安阳殷墟墓出土

图四　赝品　现代仿商代晚期兽面形饰

粗犷之美　一个奇怪的现象是：即便是战事纷纭、烽火连天的年代，作为“礼乐”的重要组成部分的玉器雕琢艺术非但没有遭到毁灭性的打击，反而愈益显出强劲的繁荣和出彩势头。这种势头在春秋战国直至两汉时期最为突出。五主称霸、七雄角逐、楚汉对峙，那种虎视眈眈、咄咄逼人的气势几乎全可以在其时的玉器宝库中找到影子。看图五那件龙凤形玉佩，全器完全显示了一种粗犷雄浑、勇武凶狠而凛然不可欺负的气势。这种气势，与公元两千多年那种意欲在诸侯林立中崛起称雄的局面是非常吻合的。这便是艺术作为时代产物的最好例证。玉佩龙凤合为一体，头尾呈 S 形腾跃状，拱背翘首回眸对视，姿态婀娜潇洒，应该不难体味出这件玉佩无论在造型体态上，还是纹饰布局和线条勾勒上，甚至每一颗谷粒的刻划上，都有一种灵动飞扬、奔放洒脱的动感韵律，表现的是一种天下王者非我莫属的气势。这就是古玉真品给人的艺术感受，其骨

图五　真品　战国　龙凤形玉佩　山西省侯马出土

图六　赝品　现代仿战国龙形玉佩

子里所透出来的那种气势，是非今人所能翻版的。

而粗犷之美，与粗野或粗糙等等又有着本质的区别。就玉器而言，粗犷包含了一种壮美的内涵，是一种力量的美，而粗野是一种未开化的低俗的原生物，粗糙又只是一种低级的制造品。图六便是一件粗劣的伪品。这里，作伪者杜撰了一种有点蛊惑人心的战国或两汉时期的玉器形状，龙腾凤舞，也煞是热闹。但时代背景的局限及商业利益的驱动使作伪者无法能在这个物体上注入活的精神要素。因此，除了一种狂放和粗野的感觉之外，它不再会给人有其他的任何美感。坊间常说，形状可以仿制，而神韵是仿不了的。这便是一例。

流畅之美　流畅是一种自然律动之美。一件或剪裁得当构思灵巧、或纹饰婉转线条利落的古玉，给人以行云流水般的轻松愉悦之感，那么，它所体现的，便是一种流畅的魅力。这种视觉享受，首先建立在一种对于流畅美的正确理解上。也就是说，古玉特别是汉前古玉的流畅之美，它首先体现在一种整体的气势上——是峰峦逶迤波涛起伏的气势，是干净利落而又恢弘磅礴的气概。这样的流畅，有如笔走蛇龙而绝没有一点拖泥带水之感。其次在纹饰上，以曲折有致、委婉灵动的线条一气呵成，体现出一种娴熟的刻划技巧。因此，流畅也是一种形、神统一与和谐的美。如图七西周凤纹玉璧，便是运用典型的勾撤手法，以流水般圆润的弧线，分别勾勒出凤鸟的喙、冠、环、身，从而使一件象征其时祖灵崇拜的神鸟呼之欲出。张弛有致的线条、富有力度感的刀法，以及明快利索的构图风格，让人不能不面对它产生出“下刀有如神”的感慨。艺术品总是能那么容易地拨动人审美的神经。

而作为赝品，图八的凤鸟玉佩就看不出一点流畅之美的底气了。从器型看,它试图模仿西周的凤鸟纹玉璧,然而只是蹩脚地刻划了外形,又因为忽视了细节上的处理使外形也成了一个漏洞百出的翻版：如四周的波浪形曲线为节外生枝、作为典型的“儿”字形装饰手法则为无意义的涡纹线条所替代,而全器勾不润、撤不力,刀法柔弱、纹饰做作,整体风格呆滞无神,更是犯了真品之大忌。因此虽然看似线条尚算通顺,但它充其量也就只能称之为“流利”而独独不能称得上“流畅”之美了。

华丽之美 即便是社会劳动生产力再不发达的年代,只要有可能,人们总

图七 真品 西周 凤纹玉璧
陕西省宝鸡市竹园沟出土

图八 赝品 现代仿西周凤纹玉璧

是尽可能的用一种更复杂更豪华的美丽来装扮自己。如果你看过远在四五千年出土的良渚文化神人骑兽玉饰，你不能不惊叹古人对于华丽的追求同样是那么有耐心和那么的虔诚。试想,在没有先进工具和机械化作业的情况下,一件纯手工完成的古代玉器,能够雕琢得如此的精致华丽和美轮美奂,那是一种怎样的技艺功底?因此,到了铜、铁器产生的年代,华丽而精美的玉器每每会出现在这个古代中国艺术的宝库中。图九是一件西汉年代的龙形玉佩。这件出自王侯墓葬的玉器,选用和阗优质玉材,在题材的构思与雕琢技法上,可以说是竭尽华丽刻划之能事。其龙身用勾连谷纹,纹饰密集而规正,刀工一丝不苟,足以显现佩饰之奢华。龙首、身及尾均以镂雕手法辅之出廓云纹加以修饰,形成了一种腾云驾雾的气势,更在奢华中添加了几多洒脱与精彩。这样的刻划与修

图九　真品　西汉　龙形玉佩
江苏省徐州市狮子山楚王陵出土

图十　赝品　现代仿战国人形玉佩

饰，体现了玉工丰富的想象力和深厚的艺术感悟，并且一定是倾注了毕生智慧积累而精雕细琢的创作结果。因此，细察该件玉佩，不难发现，它表现的虽是“腾龙”的主题，但阳刚之外那种柔美的勾勒，又似乎很容易让人联想到有“凤舞”的影子。一件好的艺术品，往往就是这样能够给人带来无限的想象空间。

需要注意的是，繁复不是华丽。画蛇添足般的线条堆砌或杂乱无章的满工纹饰与华丽之美绝不是一回事。那是一种“作秀”，或者叫华而不丽。看看图十，那是如何非常轻易地破坏了美的韵律：从构图看，舞人、龙凤与蟠螭合体，是一种有悖于时代风格的牵强的撮合。舞人拱臀曲腰，力图作婀娜之态，实则有气没力，不免有矫揉造作之感。龙无矫健之态，凤无风情之神。舞人没精打采，蟠螭气韵呆滞——总之你横竖打量，总是不能体察出真古玉器的那种味道。加上材质、沁痕及工艺特点等等方面的存疑，笔者不能不认为那是一件比较典型的赝品了。

简约之美　《庄子·天道》中说：“朴素而天下莫能与之争美。”这便道出了简约之美的本质。自古以来，简约之美在各类艺术创作中都占有重要的一席。文学中的空灵意境，美术中的留白技法，音乐中的“一锤定音”，其实都包含了简约之美的效果。此所谓“不着一字，尽得风流”，说明简约之美是一种很高的美学境界，它要求创作者必须具备深厚的美学感悟和艺术积累。这在作为艺术品的古玉身上，同样可以得到验证。图十一是件商代晚期虎形玉佩。我们说，这是一种非常典型的殷商玉器艺术风格之一：简洁的剪影式造型；画龙点睛般的刀法;富于动感的形态刻划,都在该件玉佩上得到了完美的体现。首先,头部雕琢,往往以目为侧重,这抑或与古人很早就领悟到了“眼睛是心灵的窗口”这一道理有关?顺便说一下,粗略算来,除了我们所熟知的臣字目之外,商代人兽的目形,大约有十数种之多!此玉虎的眼睛,便是一个简略的长方形状,出奇而又传神。其次是身部的刻划,以左右两条弧线来分出腰、腿,看似草草一笔,却能让我们从中体味出肌肉的力量。再次,短短三刀阴线双爪,既恰到好处地点缀了琢动物或爬行或奔跑的形态,又与头部的刻划达成了一种呼应,取得了整体的和谐效果。当然,与之呼应的还有翻卷的尾巴,等等。这样的艺术风格,看似未有精雕细刻的痕迹,但构思灵巧、造型生动,而且惜“刀”如金,“多一分则长,少一分则短”,确实达到了一种简约如诗空灵若梦的效果。

然简约与简单,同样不能画上等号。原因是,简约是一种经过提炼而浓缩了的美,而简单则是苍白的。它是一种未注入情感因素的投机性的创作,因此也势必是单调而缺乏生气的物物展现。图十二是一件简单而无灵气的伪古玉:似人似兽似鸟?让人不甚了了。弯曲不平的边缘,大概也是力图模仿出一种古意,但因为未能进入到古人的思想境地,因此难免失去意义。可以看出,它的作者,是一个既会投机慵懒又无艺术灵感的现代玉工,根本在于,他未能领会到简约之美的真谛,因此难免会制作出这种貌似古朴简约实则拙劣的现代产品。

图十一　真品　商代晚期　虎形玉佩　山东省滕州市出土

图十二　赝品　现代仿商代鸟形玉佩

…………

古玉的魅力就在于它所蕴含的丰富的文化内涵和深厚的美学意义。从审美的角度去鉴赏或研究古玉,也许在某种程度上会更有利于我们对古玉的理解和认识。因此,本文只是一种浅说,文中观点也只是个人意见，旨在通过分析，使我们对于古玉的鉴藏，能从观照立场和方法论上起到一种抛砖引玉的作用。不能不认为，由于市场经济的影响，由于世俗因素对艺术殿堂的侵袭，由于当今赝品制作队伍中一些具有一定艺术素质和美学涵养的玉匠的加入，仅仅从形态上来鉴识古玉的真假已经受到严重的挑战。这样，综合的、全面的、立体的鉴辨和欣赏古玉，就显得更有意义和更为重要了。

古玉鉴别中的常理与悖理

出土或传世古玉在其表现形态上，总是有着有规律可循的共性。这种共性,反映着古玉各个特征之间的内在联系与普遍性规则,对于我们鉴定古玉的真伪提供了可靠的实证依据。在这个基础上所形成的鉴定古玉的经验,便是古玉鉴别中的“常理”。可见,常理便是经验。但就像共性不能涵盖所有的个性一样,经验也不能成为检验一切的标尺。在古玉的鉴藏实践中,常常会有一些因违背逻辑而有悖于经验的情况出现,需要我们同样审慎地予以对待,这便是古玉辨别中的“悖理”。“攻其一点,不及其余”,这是一种非常可怕的思维方式。因此经验一旦成为了经验主义,这在古玉鉴藏中同样是件糟糕的事情。笔者想以现实中某些传统的古玉鉴别经验或流行说法为例，谈谈如何辩证地看待古玉鉴别中的常理与悖理。

一、沁色:晕散状与凝结状　通常认为:真古玉的沁色,“一般都由表及里地去分布，有一种层次感，其边缘色泽过渡自然，可见深浅不一的晕散状结构”,等等。这种说法,作为长期鉴赏实战中得出的普遍性经验,固然可以作为一种常规性的判断参考。但重要的是,事物总是常常不以单一的面目出现。对沁色的判断也是如此。有自然的色彩过渡并且呈晕散状结构的沁色是较为人们所接受的古玉性状之一,但有时,点状、线状或块状等无色泽过渡的凝结状的沁色,未必就是赝品。这是因为,外部环境的千变万化与内部结构的千差万别,才是形成古玉沁色丰富多彩的真正原因。因此,表象特征并不是我们判断一件事物真假的依据。只有深入了解事物内部互为联系、互为影响、互为发展

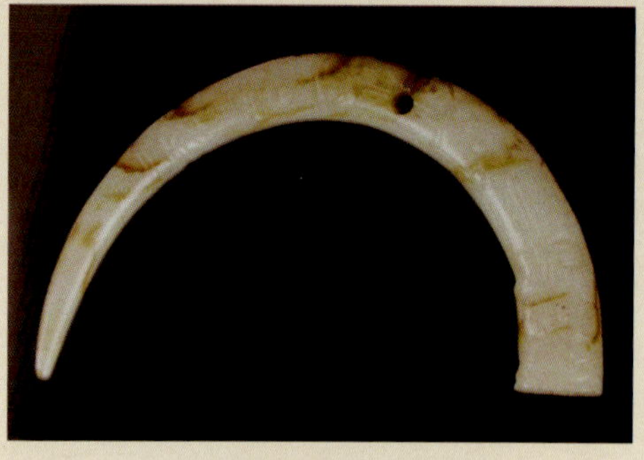

图一　沁色呈晕散状古玉
西周晚期　龙形玉
河南省三门峡市虢国墓出土
现藏于三门峡市墓博物馆

图二　沁色呈凝结状古玉　商代晚期
鸟形玉佩　山东省滕州县前掌大墓地出土
现藏于中国社科院考古研究所

图三　边缘沁色呈线状古玉　殷商　璇玑 1
现藏于美国哈佛大学艺术馆

的各种因素，用变化的而不是静止的、相对的而不是绝对的眼光，在对事物作出全面的分析的基础上，才能取得全面的发言权。同理，我们在对古玉沁色的鉴识和辨伪中，既不能以孤立的观点，撇开古玉的时代、工艺及材质器型特征以“色”定论，更不能因为沁色的外部形态出现了些许在表象上所谓有悖常理的情形而一棍子打死。我们可以认为，古玉的沁色由于其形成过程的时空关系以及玉材质量的不均衡性，大致会出现明显的晕散状（如图一），也即在一件古玉的沁色中，总是会看到有浓淡有别的过渡色现象。但也可以刷新一下自己的思维逻辑，从别一个视角看问题，便会发现，即使在同一环境下，较多的情况是：外部条件对于某件玉器比较特殊的边缘性侵蚀，导致玉器的局部结构改变，会使玉器的边缘出现凝结的块状或片状沁色（见图二）。而有的玉质与坑口比较特殊的古玉，甚至只是出现边缘的线状微沁（如图三）。因此，得出的结论是：如果只以沁色的晕散与否论真伪，那么，势必会给古玉鉴识带来一个盲点。

二、刀工：V 形与 U 形　关于以古玉工艺痕迹的观察点为辨识和断代的手段，已经成为常识性的经验之谈了。流行的说法是：古玉器上阴刻线均为两头见锋，线条断面呈“V”形，线条挺拔有力；而现代电动机械

图四　凌家滩文化玉器（虎首玉璜）

制作，阴刻线断面呈“U”形……这种说法长期以来为坊间所普遍认可，并成为一度时期以来几成铁定的标准。应该说，对于辨认时作新玉与明、清以前的古玉，这种经验在通常意义上还是可以适用的。但如果一概而论并且仅此作为断代手段，那么未免有失偏颇了。最近翻阅张广文先生《故宫博物院藏凌家滩出土玉、石器及其加工工艺》一文，其中对于凌家滩出土玉器（图四）的工艺痕迹分析，就非常明确地解答了这个问题的要义。张广文先生认为，“凌家滩……部分玉器上留有明显的治玉痕迹。这些痕迹以‘V’、‘U’形截面加工痕最为显著，这两种截面的加工痕多为阴线，截面下端分别为尖形或圆弧形，还有一些介于二者之间……”这个结论给予我们所提供的意义，并不只是在于解决了工艺痕迹辨别古玉尤其是高古玉器真伪的一种经验，更重要的是，他给我们在如何对待古玉鉴辨中所出现的悖理现象，提供了一个科学的、严谨的探索范例。理性和客观的态度以及实事求是的精神，正是每一个真正的古玉研究和爱好者面对纷繁多彩的古玉表征，需要采取的应有的方法和立场之一。以偏概全的思维方式，难免会有挂一漏万的失误。

三、器型：相似形与雷同性　我们都知道，用按图索骥或对号入座的方法来搜寻和收藏古玉，是一种十分初级的犯忌行为。机械化作业与手工劳动最大的区别，就是产品的批量化和唯一性。古玉的雕琢是一种非同寻常的手工作业，因此无论从器型还是纹饰而言都有无可比拟的独立特性。这，似乎应该成为铁定的规律。对于这样的认识，当然主要是从微观上（也即古玉的细节特征

图五　春秋　虎形玉佩　现藏于河南省博物院

图六　春秋　虎形玉佩　现藏于江苏省常熟市博物馆

上）得出的界定。而在宏观上，也就是在古玉的整体概貌上，同时代同地域或不同地域相似形纹饰与雷同形造型的情况，还是一个比较常见的事实。这是因为，由于严格的礼制和森严的等级规范，远古时代的玉器艺术虽有不断创新和发展的成果，但在某一个相对固定的年代里，出于政治、宗教、文化和审美趣味等等方面的需要，用玉制度上的"金科玉律"还是对玉器形式的规范上起到了很大的作用。这在新石器时期直至夏商周三代表现得更为突出。且不说红山文化的玉猪龙和良渚文化的大小不一的琮、璧具有惊人的相似特色。就拿处于鼎盛时期的商、周及两汉玉器来说，尽管题材丰富构思亦不拘一格，但由于总脱不了事神敬鬼、祖灵崇拜、粉饰身份、礼尚往来等等干系，因此无论是青铜、陶器还是玉器，其造型上的雷同与纹饰上的相似更是在所难免。从河南省博物院藏的春秋玉虎（图五）与江苏常熟博物馆藏的春秋玉虎（图六）的比照可以看出，这二件出土于相似年代但收藏于不同地域的玉器，非但器型接近一致，并且连纹饰也几乎如出一辙。后者如果非为证据确属的馆藏征集玉器，在某些苛刻而不理性的专家眼中，定为视作赝品不可。这样的佐证不胜枚举，说明笼统地以是否相似与雷同来判断古玉真赝，尤其是作为一种普遍性的经验予以应用，是缺乏科学态度和非常不慎重的。当然，刻意地模仿古玉做法的情况，从宋代起直至今天，从来都没有间断过并且日益得到提高，那是需要我们不断地去甄别和区分的，但与本文的题旨，则又当别论了。

四、材质：主流用玉与非主流用玉　大量史料证实，用玉的时代特点，是鉴别古玉真伪的一个重要环节。那是因为，生产力的局限，使古人在用玉时获取玉材的途径非常有限。大部分的情况，是就地取材，或者靠战争来掠夺更多的资源。真正的软玉——新疆和阗玉成为帝王用玉的主流，比较一致的说法是在战国至汉代以后。而之前，辽宁岫岩玉之于红山、江苏小梅岭玉之于良渚、河南独山玉之于殷商，等等，作为某一时代或文化的代表，似乎已成业界定局。因此，主流用玉的特点确实体现了玉器发展的一个脉络。但是，即便如此，我们也不能排除，当一件在各方面都具备了某个时代特点的非主流材质的古玉出现在我们面前的时候，在没有进行认真论证的前提下，请千万不要因为它缺少该时代的用玉规范而轻易将它排斥在真品之外。要知道，古人对于玉材的认知程度和选用理念，并不完全等同于今人的规则。“美石即玉”是他们大致的择材标准。虽然随着认知的进步和审美观念的提升，和阗玉越来越被认可为东周以降最受欢迎的主流用玉，但岫玉和蓝田、独山以及其他各种地方杂玉的材质，依然一直被沿用。图七与图八分别为和阗玉占主流地位的一件战国玉器和用材繁杂的商周玉器。在未有出土记录的情况下，我们是否很容易因为它们不明不白的“出身”而将其打入“冷宫”？这样的情景，在现实的鉴别判断中，也未尝保证不会发生。这就告诫我们对待某些古玉“异类”，不要以“看材质一眼假” 这一简单的方式随意作结。任何时候都不要忘记：普遍性和特殊性，总是构成事物的两个方面。

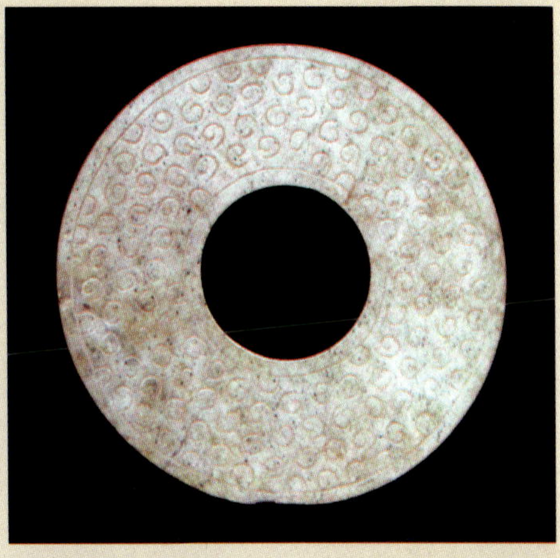
图七　战国时期非主流用玉
玉璧　浙江省安吉县递埔镇垅坝村出土
现藏于安吉县博物馆

图八　商周时期非主流用玉
西周　兽面形玉饰3
山西闻喜县上郭墓地出土
现藏于山西博物院

五、质感：莹润与浮泛　古玉的质感，有时是通过材质结构、玉表光洁度，以及氧化膜蜡状色泽等体现出来的。温润醇厚的质感会给人一种直接的美的

图九 A　光泽质量浅淡的石家河文化玉器
人面形玉牌饰
湖北省天门市石河镇肖家屋脊出土
现藏于荆州博物馆

图九 B　光泽质量浅淡的商代晚期玉器
兽面形玉饰　山东省滕州市前掌大墓地出土
现藏于中国社会科学院考古研究所

享受。这其中，“包浆”是一个常为人引用的名词。在古玉鉴别经验中，以“包浆”断新老几乎成了唯一的手段。因为不管是处于土壤中或空气里，一件久有年代的古玉，经由物理与化学因素的腐蚀或侵袭，其表面不可能不产生光与质的变化。这种变化最直接的标记，除了沁状，便是出现浓淡不一的“包浆”。因此，包浆浓郁的古玉，其真实性大致不会有太多的差错。因为它基本符合古玉的特质。可是在另一方面，也不能忽视别一种情况，那就是土壤结构特殊的出土古玉，或者通过不正确的人为处理使表层色泽遭到严重破坏了的古玉，其质感在视觉上会让人产生极大的误差。这就需要我们适时调整判断的视角与经验。如图九 B 是山东滕州前掌大墓地出土的玉器，其器型与纹饰为典型的殷商遗物，材质则为当时使用较为普遍的地方杂玉，而最为异常的感觉，就是体现质感的“包浆”，显得浅薄灰暗，似乎与三千多年埋葬历史不甚一致。形成这种结果的因素，除了玉器本身的质地之外，无疑还跟其“生存”环境有很大关系。而更有好古玉者有时得到一件真古玉器，因信奉一些不当的盘玩方法，通过水煮碱洗，棕刷布磨等人为折腾，结果自然让原始的“包浆”荡然无存，或盘玩时日后显得浮泛而失缺深度。这样的传世或民间收藏古玉，笔者也时有见到。只是在惋惜它的美貌受到破坏的同时，也不能不想到时下对于古玉的鉴定，那些通常意义上适用的常识性经验，也是需要我们审慎地予以对待和运用的。

总之，古玉的鉴别与断代，从来都是一项复杂而又严肃的系统化工程。因此，古玉鉴别中的常理和悖理，是一种客观存在。提出这样的观点，并不是想总结或指点什么，而是旨在说明：作为一门学科，古玉鉴辨其实与任何知识的探求一样——正确的立场、观点和思想方法，在多数情况下，应该比经验来得更为重要。

古玉的“熟旧”特征和辨识浅见

所谓“熟旧”古玉，一是指经久传世盘玩后的出土古玉，由于人为作用而变得温润熟腻，失却了初见天日时的原始信息，致使鲜有古气。二是指因随葬玉器所处的地域环境较好，而出土时呈现出一种光洁纯净的表象，给人一种“古玉似新”的感觉；这二种情况，如无确凿的考证依据，都会十分容易地为人所忽略或否决，或者轻易从古玉收藏爱好者的眼皮底下溜过，成为明天的遗珠之恨。而这，也正是构成时下古玉收藏界所遭遇到的普遍的尴尬和困惑之一。

注意到近几年无论是在藏界坊间，或是在艺术品拍场，还是在网络媒体，不管是私下交流交易或是公开展览拍卖，目前流行的对于古玉尤其是汉前高古玉的鉴藏界限和标准，基本上停留在传统的鉴识理念中。表现为一是重闪石类玉轻各类地方玉石；二是重玉表轻内质；三是重“标准器”轻造型奇巧的“另类”。因此，比较为人们所一致认可的古玉大致为：玉表灰皮明显、包浆醇厚；沁蚀典型、沁色丰富；“开窗”处光泽温和、闪石类材质特点显著，等等（图一）。具备这种条件的古玉，当然首推“生坑”，其次才是或传承有序、器出有名或特征鲜明而让人一目了然的“熟坑”。除此之外，在这种传统的思维模式的过滤下，大部分的古玉，只要它脱离了上述特征，即便确凿的真品（图二），在脱离了考古环境的情况下，都有可能难逃被人鄙弃的厄运。于是，对“生坑”古玉的偏好或追捧，几乎成了藏界一边倒的路数。

而所以形成这种状况，一个重要的原因，当然是由于近年来赝品的数量和质量都达到了一个惊人的高度，让人面对那些层出不穷且足可以乱真的伪古

图一　汉代　剑首　选自某拍卖公司拍品

图二　春秋　柱状玉　选自《南阳古玉撷英》

玉常常弄得不知所措。但作者认为，另一个不能不承认的事实还是：浮躁心态、拜金主义观念以及对古玉的文化内涵的漠视，同样是形成这种理念的症结。因此，本文想以“熟旧”古玉的鉴识为例谈些一己之见，求教于业内同好的指正。

一、熟旧古玉丧失了哪些古旧特征？

无疑，有些熟旧古玉所以不被看好，是因为一个“熟”字遮盖了其称之为“旧”的真相。那些无论是人为的（把玩）还是内因的（玉质）或者外因的（水、土、温湿度、矿物质等条件）作用，都会改变或破坏玉器的古旧特征。其表现形态大致为：1.玉表的改变。对于盘玩经年的古玉，那种出土时典型的灰白雾状沁痕，特别是因玉质良佳而浅浮于玉表的水土沁，随着时间的推移必然会慢慢消褪而尽显玉性，并且变得光亮莹润，那种古旧的信息自然也便随之模糊或消失。而有些在特殊地域环境下出土的古玉，或者先天条件优越的古玉，有时更是基本上乏有灰皮、土隔或水气沁蚀的痕迹存在。古玉的这些特殊表征，即便能让有经验的收藏者看懂是件旧玉的物件，但如果形制、纹饰特殊而又无标准器比照，就一定会给断代带来很大的困难。因为它已经丧失了作为古玉存在的基本要素——出土附着物特征。2.玉性的改变。某些出土古玉虽然表象光洁、手感滑腻，找不到土咬沁染的迹象，但却出现了由内而外的玉变（也称质变）现象，即玉质的本色发生了有层次的变异（图三），由于这种变异又常常是单一的、均衡的，因此常常被一些经验主义者看作是原色新玉也就不足为怪了。当然，也有些出土时具有绺裂与沁色的古玉，随着盘玩时日的增长，皮肤、汗腺、空气、什物与玉器摩擦、接触，会改变其原有的玉性，直到最终显露出与初始出土古玉完全迥异的玉石本质。由于这种玉质的改变，完全不成定格而又意想不到，致使我们在辨识时等于面对一个无法与出土物相关联的对象，而变得不可捉摸。3.玉色的改变。经验告诉我们，在通常情况下，一件被盘熟了的古玉，从玉色看，都是一样的晶莹剔透、一样的光可鉴人，那么，有些同样是熟旧的古玉，一千年与两千年的差别应该是微乎其微的。甚至，即便是一件新玉，当它被盘玩到一定程度时，与一件同样被盘玩到一定程度的近代老玉相比，有时也很难一眼识出新旧。这就是当今大量白色新玉冒充明清宫廷玉器充斥市场的一个原因。而对于高古玉而言，由于材质的多样性特点，这就更使得一些好利之徒运用杂色玉材假冒古玉，再经过技术处理，甚至动真格刷磨盘玩，而后充塞店堂坊间以达到掩人耳目牟取暴利的目的。这也是使不少古玉收藏家面对特征不甚鲜明的熟旧古玉望而却步的一个原因。而对于全方位地认识和收藏古玉珍品而言，也不能不说是一种遗憾。

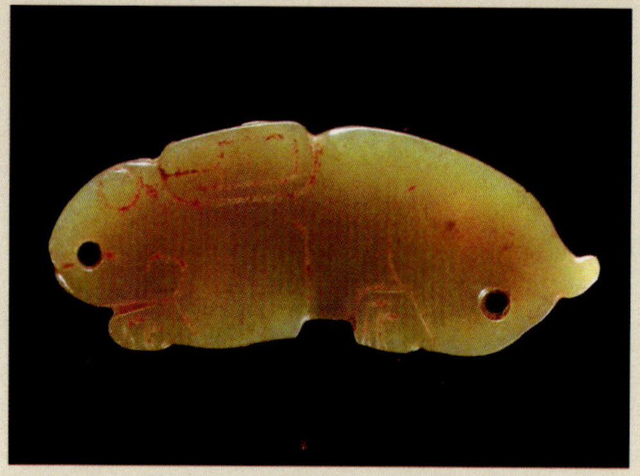

图三　商代晚期 兔形玉佩
山东省滕州市前掌大墓地出土

二、熟旧古玉真迹特征的“循证”鉴别。

“循证”是指在临床实践中，将个人经验与当前最佳科学依据结合起来进行医疗决策的一种行为。它有别于经验医学，提倡的是慎重、准确、合理，而不是纯粹以经验行事。这种既重视经验又讲究实证的科学的思维方法，同样适合于对于熟旧古玉的真伪鉴定。首先应该确定：因玉器随葬条件特殊而使出土古玉变得熟旧灿然，这种情况虽然不是普遍现象，但也并不鲜见。笔者曾想，常有发掘报告称，墓中有些在特殊地域环境下才出土的物件，包括人畜、酒肉、丝织、漆木等器，它们初现天日时“新鲜”得如同今物的现象，令人咂舌。据说殷墟墓地发掘过程中曾见容器中肉食红白分明就像新煮出锅时的情况，更是让人不可思议。那么，这些软性物体历经千年尚且如此，更何况坚硬缜密的玉器？所以，出土玉器的熟旧如新与传世玉器的熟旧如新一样，虽属特例，但也非悖理。在鉴识上虽然会给我们带来困难，但也正是能改变我们思维方式和古玉鉴藏价值观的一种挑战。唯其如此，方能在古玉鉴辨中练就独具慧眼的方法和本领。

与通常意义上的古玉鉴别一样，对于熟旧古玉的识别，诸如材质、器型、纹饰、沁色等等常规性的知识运用无须赘言。因为有些情况确实可以通过普遍规律来认识和解决。但熟旧古玉由于它的真迹特征非一目了然,因此考证的角度和方法当然也不能千篇一律。相对而言,它的重心与思考方式就应该更辩证一点、更严谨一点、也更全面一点。笔者的体会是:

1.文化背景下的审视 所谓文化背景下的审视,简单地说就是当你面对一件因为熟旧而时代界限不太清晰的古玉时,首先要搞清楚的是它蕴藏在主体内涵中的文化意味。一件古玉,它为什么要雕琢成这样而不是那样?它寄托着物主什么样的希望或信仰?它体现了一种什么样的时代风貌?它的功能和作用又是什么?等等,都是需要加以认真审视而尽可能的弄明白的。之所以这样说,是因为自新石器时代起,玉器的神奇与珍贵一经被先民发现,就作为了至高无上的巫神之器而被广泛应用。一直到封建社会初期,它的帝王级别的特殊地位从来没有动摇过。因此,玉器一经雕琢,便自然列入贵族王侯的陪伴队列,这是无可怀疑的事实。那么,只要是真古的玉器,必定有它作为王室用器的地位,也必定能够在某个时代特定的文化背景下找到依据。图四是一件出土于山东前掌大墓地的熟旧如新的佩饰玉器。凭心而论,要不是它的出土档案,若是将它放在一个民间流行的圈子里去鉴别认识,那么十有八九在年代上会引起歧义甚至会遭到否决。这里,材质与造型都没有什么问题,而“熟旧”才是它的主要障眼。这样,要比较正确地为其验明正身,就不能不认真地将其放特定的文化背景底下去考察。显然,出土地域已经证明,这是一件具有鲜明的殷商文化色彩的玉佩。但如果离开了这种佐证,我们应该从哪些方面去寻找或审察它们的时代信息呢?我们说,对于一件充满着灵动之气而又造型怪异的玉鸟,如果按照玉器鉴定的“标准器”学来鉴识,那么肯定会显得无所适从。从造型、材质和熟旧程度看,你不可能联想到它是一件汉唐或者宋元乃至明清时代的玉器,因为你找不到可资比照的文化意义。这种在商代广为流行的飞禽百鸟,我们只有从三千多年前的“鸟崇拜”这一东夷文化背景上去理解,才有可能找到判断的契机。“天命玄鸟,降而生商”,正是这种视禽鸟为祖先精灵的文

图四　商代晚期　鸟形玉佩
山东滕州出土市前掌大墓地出土

化理念，催生了这个时代大量而又各具个性的鸟主题玉器。而其他时代以鸟为题材的玉器，除了侧重于表现飞鸟的形态美之外，在造型的多样性、写实性和个性化方面来看，就远不及商周时代那样富有创造力和生动性。因为它凝聚了人对于神灵的全部虔诚。因此，对于这种题材丰富构思奇巧的鸟形玉佩，我们显然不能从"标准器"或"典型器"的方法上去观照或判别，因为那样很容易把深邃的文化意蕴给平面化、简单化了，从而因为"只见树木不见森林"而必然给断代识别带来疑虑。当然，除此之外，这件玉鸟的用材、因材施艺的构思技巧、雕琢手法等等，这些看似细微的形态，同样体现了鲜明的文化背景方面的特质。这些特质，加上其他各种因素的综合判断，那么，为其断代正名也就不是太为难的事情了。

2.时代风格的美学观照 每个时代都有它的美学风格。所谓"夏尚质，殷尚忠，周尚文"，说明在夏商周三代，各个历史时期所推崇的文化观念和审美标准是不同的。这在玉器艺术中似乎同样可以找到轨迹。总体而言，夏代玉器质朴自然，商代早期玉器肃穆庄重、晚期又兼具活泼传神，而西周玉器纹饰流畅华丽、形制又渐趋合乎礼仪规范……这些风格，应该对于三代玉器的宏观鉴定具有一定的意义。而从微观上看，就一件具体的具有时代风格的作品而言，我们一定能从它的枝枝节节上产生一种美的感受。这种美，虽是经雕琢而成，但绝不会留下"雕琢"的痕迹，而且几乎看不出一丝败笔——是那种"浑然天成"的美。同样，春秋玉器的浑厚华丽和战国汉代玉器的飞动流畅，也是那个时代美学精神的一个重要组成部分。因此，美学观照的要义，就是要学会以艺术的眼光，把古玉放到特定的时代审美意识中去，加以审察、端详、体会和感悟。这与浅尝辄止和浮光掠影式的品鉴，肯定会得到不同的结果。图五是一件出土于江苏盱眙的西汉龙形玉佩。玉佩因质佳沁微，因而显得白润莹亮，看去虽入土千年却依然熟旧如新。历代玉佩以龙为题材的屡见不鲜，然此件玉佩给我们所带来的美学感受，显然有别于这一特定时代之外的内涵：首先，楚地以龙为佩饰体现了春秋战国而后直至西汉楚人尚武崇龙的流行风气，也是其霸

图五　西汉　龙形玉佩　江苏盱眙出土

权中原的张扬气势的艺术表现。这几乎构成了楚地玉器造型的主要题旨之一；其次，这件龙佩无论从选材到雕琢，无不精美、华丽、独到而又符合楚人的贵族化倾向和审美趣味，加上造型、工艺上的灵巧极致，因此具有无可比拟的视觉效果；再次，也是更重要的，龙头尾相咬，身饰鳞纹，足、角等细节特征明确，形体一改前朝时代抽象模糊的风格而开始变得明朗具象，这也是西汉楚地逐渐脱离原始图腾崇拜而步入更为理性的现实世界的文化思想体现，而又有别于汉后玉龙侧重于神态姿势刻划而无法从整体形象上把握威猛大气的特点。综上所述，气势、力度与华美、具象，正是这些艺术特质，使这件玉器的时代精神跃然于眼前，从而为我们断代品鉴和美学观照提供了一个非常典型的范本。

3.古旧痕迹的辨识 其实，一件真正的古玉，即使再如何的表现得熟旧如新，只要细加审察，我们还是能够从它身上找到这样那样古旧的蛛丝马迹。这些蛛丝马迹包括：自然的绺裂和残痕；“开窗”旧气；工艺痕迹，等等。自然的绺裂和残痕，是天意为之，因此我们也可称之为“天残”，这与玉器在雕琢完毕人为刻意敲击破坏后产生的迹象在形态上肯定有着明显的区别。这些细节性区别，应该成为我们辨识熟旧古玉的一种参考。“开窗”旧气，是指一件从整体上看似熟旧的古玉，我们一定能从其某个点或面上来找到古旧的气息，从而为鉴识提供切实的依据。某些传世的古玉（图六），即使许多可资明证的信息被消磨了，因而显得莹润夺目而不可辨认。但是除非是种非常特别的个例，否则我们还是可以从哪怕一丁点儿的点面上能够寻找到种种痕迹，比如钙化点、金属斑、橘皮纹、雾状沁点、丝状沁线、褐色沁状、边缘老化，等等，都不失为一种可以说明问题的证据。而工艺痕迹，则是所有古玉鉴别过程中都必不可少的一个环节。只是从某种程度上

图六 A 新石器时期 玉管

图六 B 春秋 龙纹佩（局部）
选自《中国古代玉器艺术》

说，熟旧古玉工艺痕迹的辨识，较之其他各种关于古玉鉴识的方法，有着更为决定性的作用。这是因为，“熟旧”的表象特征，较之于那些沁蚀严重或出土信息丰富的古玉，首先会让人在潜意识中产生一种先入为主的警惕，尤其当它“身份”不明地出现在我们眼前的时候，这种警惕就极易转化为一种排斥的心态，而影响对它的真相认定，或者总是以一种想当然的经验来挑剔它的疑似特征，从而造成在古玉鉴识中的另一种混乱。因此，在“眼学”和“经验”成为古玉真赝鉴别唯一方法的今天，对熟旧古玉的工艺痕迹辨认就更值得我们重视和探讨。这里，前人和学者有许多成功的经验值得我们借鉴，但在具体的观念与方法上，仍有不少需要进一步商榷和探讨的地方。笔者认为，对熟旧古玉的工艺痕迹考证，更需要科学、严谨和理性的态度。而就方法而言，正确掌握和了解古代不同时期和不同地区的生产力发展状况和工艺水平特点，当然是一个首要的前提。除此之外，对熟旧古玉工艺痕迹的辨认与形制、纹饰、材质、气韵等因素的综合判断；对同时代工艺痕迹的唯一性（如勾撤法之于西周、游丝描雕之于汉代等，）与多样性的辩证认识；对不同时代的工艺痕迹在同一件古玉身上的表现（即所谓“新改”或“老改”）；对工艺痕迹中时代特点鲜明和某些时代特点模糊或者特殊的分析判别，等等，都是需要我们以一种严谨求实的科学精神来加以认真考察和探讨的。当然，熟旧古玉古旧痕迹的辨识，是一个比较笼统的概念。这里，笔者所谈的只是一种方法论观点。其中更多的奥秘，相信有更多的学者同好，在收藏和研究实践中自有弥足珍贵的经验、感悟与体会，可资借鉴。珍惜并不断总结和推广这些经验，对于拓宽我们古玉收藏鉴识的视野、提高我们识别熟旧古玉的水准、抢救那些险被埋没的古代艺术“明珠”，无疑都具有不可忽视的价值。

三、观点：倡导更为理性的鉴藏理念。

“生坑”的、或表象特征明显的“熟坑”古玉，固然是值得我们去好好收藏并加以认真研究整理的，因为它能直接触发人们对于时代风貌和历史沧桑感的体验。但同时，有理由认为，那些为传统鉴藏思维所排斥的、虽然表象特征模糊但确实具备了古玉的内在特质的另类古玉，才更应该被认为是古玉中的珍品或精品（图七）。这是因为，“真、精、奇”此三者，正是古玉收藏的最佳追求。也就是说，对于渐入佳境后的古玉收藏，除了求“真”之外，“质地精良”和“形制珍奇”这两种要素，应该更是必不可少的条件之一。而那些不为人所看好或重视的所谓异类古玉，如果在具备了“真”的前提之下，那么，它恰恰就具备了另外两种条件：正因为质地精良，才有可能抵御外界因素的侵蚀而变得洁净；

图七　汉代　白玉龙首珩　选自《中国古代玉器艺术》

正因为无标准器可资比照，才显得艺术价值新奇独特而非同一般。当然，那些带有时代特色的夏商周或更早年代的玉器，即便较多不是以闪石类材质雕琢，但由于它的特殊的历史地位和稀有性，更是可以视为瑰宝一类的藏品了。因此，可以想见，调整一下我们古玉鉴赏的思维角度，对于提升我们的收藏和审美层次，是否有着更为重要的意义？

古玉“糖沁”刍议

本文试图以相似年代（殷商至西周）的出土古玉为范例，对古玉“糖沁”的成因、性状及辨识要点作一简析：

“糖沁”是一种比较常见的古玉沁状。凡是淡褐、红褐、棕褐或深褐的古玉沁色，通常都可以称之为“糖沁”。就如人们习惯于将黑色沁称之为“水银沁”一样，“糖沁”其实只是一种约定俗成的通俗化的叫法。如果同样以色感来表述，那么“糖沁”也便是褐色沁的一种别名（图一）。

在考古发掘的出土古玉报告中，“糖沁”是一种比较普遍的沁色表现。这种情况，无论是南、北土或干、湿坑出土的古玉，均可见到。不同的只是玉表在“干涩”和“湿润”上各有表现。而在某些特殊的地域环境中，“糖沁”几乎占有绝对的比例。说明沁色与地质地貌及水土结构之间有着密不可分的关系（图二 A、B）。

图一　典型的糖沁古玉　商代晚期　玉鱼
山东省滕州市前掌大墓地出土

“糖沁”也有被叫做“饴斑”或“铁锈沁”的。这也是从色泽的表象上所做出的判断。但后一种叫法也许更符合客观实际。之所以这样说，是要从“糖沁”的成因说起。一般来说，古玉“糖沁”的形成，

图二 A　干燥环境中的糖沁　西周
玉璜　山西曲沃晋侯墓出土

图二 B　潮湿环境中的糖沁
商代晚期　牛形玉佩
山东省滕州市前掌大墓地出土

在它的外因环境中，必须具有以下几个促成因素：一、水土中的三价铁离子元素；二、一定的地温和地压作用；三、足够的时间（年代）。这三者中间，第一个条件是必须的，它对于改变古玉沁色的性质提供了必须因素。而第二、三个条件则在程度上起着重要的作用。也就是说，属于"糖沁"类的古玉，首先必定是由于遭受了此类三价铁离子矿物质元素的侵蚀或浸染。又由于地温和地压的强度和时间长度的推移，影响着这种矿物质改变受沁古玉质量的程度，因此也便有了淡褐、红褐、棕褐、深褐等等浓淡不一的沁色性状（图三 A、B、C、D）。

"糖沁"的极致表现，是使古玉从整体上产生质变。质变的结果，是基本上改变了玉器的原色。如果在比较温湿的环境中，则可能是或浅或深的铁锈红成为玉色主体（图四），甚至于深黑如铁疙瘩一块（图五）。但因为毕竟玉质晶体结构与浸染物不可能做到完全均衡一致，因此大体尚能检视到隐现其间的原

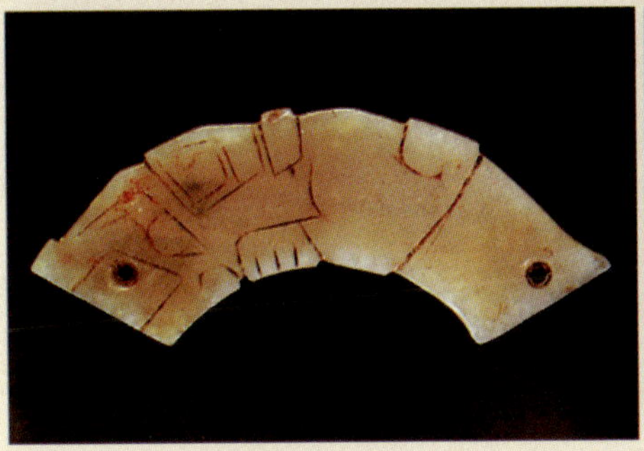

图三 A　红褐色糖沁　商代晚期　玉鱼
山东省滕州市前掌大墓地出土

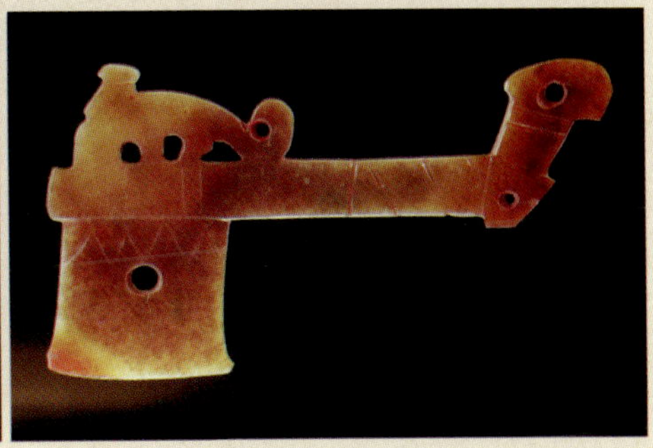

图三 B　铁锈红色糖沁　商代晚期　玉钺
山东省滕州市前掌大墓地出土

图三 C　深褐色糖沁　商代晚期　牛形玉佩
山东省滕州市前掌大墓地出土

图三 D　糖沁形成的玉器质变色　商代晚期
鸟形玉佩　山东省滕州市前掌大墓地出土

图四　铁锈色糖沁成为主体色调
商代晚期　兽面形玉饰
山东省滕州市前掌大墓地出土

图五　糖沁严重、色泽几成深褐如铁
商代晚期　牛首形玉佩
山东省滕州市前掌大墓地出土

生的质地（或曰“开窗”）（图六）。而若是材质松软且又处在比较干燥或酸碱程度比较严重的坑口中，“糖沁” 甚至有发展为钙化或呈鸡骨白的情况（图七）。

如前所述，由于“糖沁”的形成与地质地貌及水土结构之间有着密不可分的关系，因此注意到在某些地区，经考古发掘所出土的古玉此种状况尤为普遍

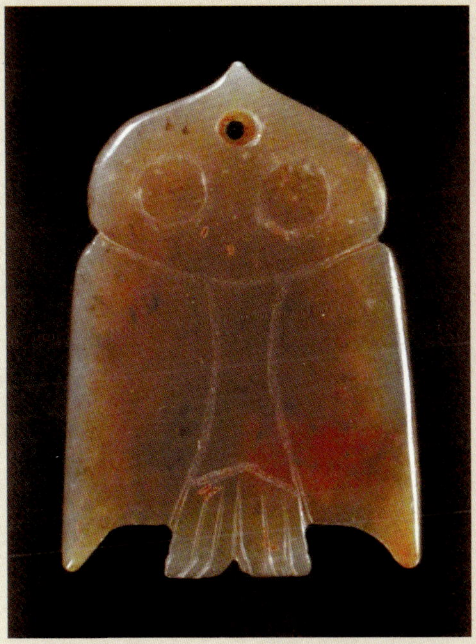

图六　边缘可以隐约见到本色踪迹的糖沁古玉
商代晚期　玉鸟
山东省滕州市前掌大墓地出土

图七　糖沁严重而致的边缘钙化形象
西周　柄形饰　陕西张家坡出土

和严重。这无疑与当地的土壤质地有关。我们知道，土壤所以有各种颜色，是因为土壤里含有多种矿物质的缘故。棕壤和红壤里含有丰富的铁质。红壤和棕壤是当铁质发生高度氧化后形成的，不同的只是程度。黄壤是铁质尚未能高度氧化。而含有石英、正长石、高岭土较多的土壤，一般更接近于灰白色。黑壤则主要是深色的腐殖质在其间作用了。显而易见，古玉会不可避免地受到周围矿物质的“亲近”，而被一点点地改变本色。这样，来理解某些地区土壤结构中丰富的氧化铁（三价铁离子元素）加上必要的其他因素，从而形成古玉沁色独特的地域性风格特点，也就不难明白了。本文列举的图例，大部分出于山东滕州前掌大墓地，说明鲁南地区的一些文化遗址坑口具有与别的文化遗址坑口不同的矿物质构成情况。为考察真相，笔者曾实地采集过一些地域地貌的相关资料，发现该地的土质和地下水中的矿物质构成情况，确实可以验证上述所发表的观点。虽然并不能完全说明数千年之前的历史地貌，但也不能认为地质地貌的演变是可以随意超越客观环境的。因此起码，这样的资料采集，为古玉沁状形成的某种地域特色寻找到了一点证据（图八 A、B、C、D）。

图八 A　鲁南某地土质实拍之一

图八 B　鲁南某地土质实拍之二

图八 C　鲁南某度假村地下温泉水质实样

图八 D　鲁南某度假村地下温泉水质附着色实样

古玉的“糖沁”与糖玉是比较容易混淆的二类玉器。杨伯达先生认为，“沁色上较为难辨的是饴斑和黑漆古。饴斑称为‘糖’……即类似用旧法所制之红糖色或麦芽糖色。这种糖是成玉之后的二次色，也是天然成色，成片、成块且深入深层，与白玉、青白玉、青玉共存……人工饴沁总是滞留在器表上，或夹在绺璺之内顺其方向呈深饴色线状沁。”（杨伯达：《传世古玉辨伪综论》）这是对古玉的“糖沁”与近现代糖玉分辨与判断的最清晰的描述。糖玉的使用从明清甚至更早到现在，也算有了一定的历史（图九 A、B），而且从产地看分布较广，大抵在新疆叶城、且末、若羌，以及俄罗斯等地都有原料（图十 A、B）。严格地说，从形成机制来看，它们之间没有太多的本质的区别。因为糖玉的形成，也是主要由氧化铁作用于透闪石—阳起石性质得到改变所致。而原生、次生的说法，我认为并不重要。重要的是如何区分糖色的新旧，尤其是在古玉已被盘玩并呈熟旧了的情况底下，如何来区分新旧。

经常听到有人说这样的区分是很简单，理由是只要以玉色与质感（沁状与包浆）来分辨便是了。但实际上情况并不那么简单。因为即使在形制、纹饰、工艺手法等等各种条件具备的情况下，以玉色与质感来断此类古玉真赝的方法有时也未必能完全适用（当然不排除这两个条件的可行性）。所以这样说，我的体会是，一、有些“糖沁”的古玉，特别是那些容易受氧化铁浸染的白玉，它们的材质通常以结构比较疏松的地方玉材居多。因此即便沁染严重而玉表光泽晦涩的，也大有器在（图十一）；二、若要说差别，在糖色的浓淡深浅的晕散过渡上，“糖沁”古玉比糖玉要来得更自然、更全面（图十二），也即杨伯达先生所说的“天然成色，成片、成块且深入深层”。而糖玉的边界似乎比“糖沁”更清楚更明白些；三、回到玉色与质感上来，由于“糖沁”古玉（尤其是东周前

图九 A 明代和田糖玉

图九 B 清代和阗糖玉

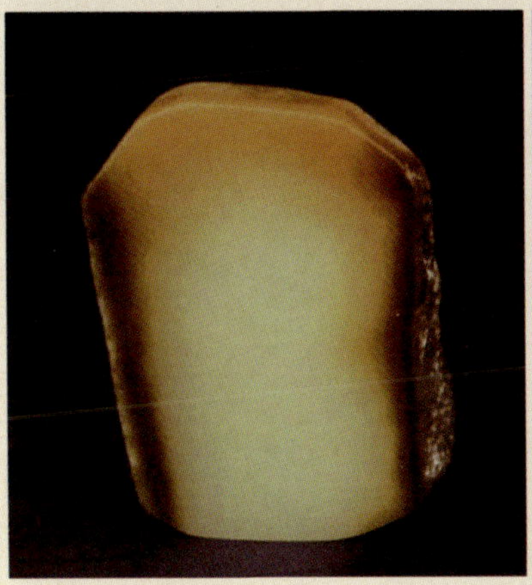

图十 A 带糖且末料

图十 B 带糖若羌料

图十一　玉表较为晦涩的地方玉材
兽面形饰　河南安阳殷墟出土

图十二 A　糖沁晕散自然、几乎看不到边界
兽面形饰　河南安阳殷墟出土

图十二 B　糖沁浓淡过渡自然呈浑然一体
商代晚期　玉鹦鹉佩饰　河南安阳妇发墓出土

的古玉）玉种比较复杂多变，从透闪石到蛇纹石类等都有，并且常常因材制宜，因此质感、玉色丰富多彩，虽无定类但结合器型工艺等不难辨识；而糖玉的玉种局限于常见的一些矿藏，相对而言其质感、玉色略显单调，因而也给辨伪留下了“把柄”。加上以糖玉仿古，未得古人鬼斧神工真经，便是再怎么精雕细琢，也必然会破绽百出。

古玉真伪的辨识从来没有公式可循。对“糖沁”的认识亦是如此。本文的浅释，相信同样具有相当的局限。而其中的是非因素，也只有靠读者结合自身的鉴藏心得去感悟、去明辨了。

文物的价值与专家的尴尬（外五则）

文物的价值与专家的尴尬

大约在三年前，在出差新疆的日子里，适逢中央电视台播放故宫博物院的一位瓷器女专家讲解海捞瓷器。记得在直播的过程中，央视节目主持人不断地接到场外观众来电，询问节目中那些所展示瓷器的价格，并要求专家能够予以解答。这时候，我发现，当主持人以十分尴尬的表情向专家转告场外观众的提问时，专家不得不中断了对于海捞瓷器历史背景、考证意义、工艺特色等等方面津津乐道的解释，脸上的无奈与苦涩刹那间同样通过电视画面明明白白地表现了出来。最后，她只能以非常不安和失望的语气这样回答观众（大意）：它们（指海捞瓷器）都属于国家文物，很难用价格来衡量它们的价值。

在那个时候，我确实感动了。我钦佩这位专家的学识立场。我钦佩她的纯粹的职业精神。我更钦佩她置身于铜臭熏天的年头，还依然保持着那份认真、那份高洁、那份“不合时宜”的品格素养。同时，我也为另外一些媒体热衷于以商业手段制作艺术品鉴赏类节目，以达到对百姓的煽情和误导作用而感到羞愧，为同样由国家供养着的某些专家以一专之长牟取昧心之利的行为而感到汗颜，更为时下那种愈演愈烈的“全民收藏、唯利是图”的现状而感到悲哀！

这样说，我并不是一味排斥世俗。我也是一个很世俗的人，知道金钱对于生存的重要。知道真实的艺术品，应该具有很高的价格。知道合理的艺术品交流与交易，在现实中也是非常合理和正常的。知道那些不屑于人民币而又饱食终日的伪君子，是不足以称道的。知道那种同类艺术品厚今薄古的价格体系，是注定要被打破的。只是认为一个人的灵魂，有时不能全部为金钱所占据着。在更多的时候，你是不是应该考虑一下，除了金钱之外，我还缺少了什么？我们还缺少了什么？对于艺术品，亦是如此。它们所以值钱，是因为它们的历史、文化和艺术含量。但是，当你面对它们的时候，你领略到了这种含量所带给你的愉悦、情趣和精神震撼吗？你会以热恋时的心态首先因为太在乎了她的秀外慧中而置家财或身世于不顾去狂热地追爱她吗？如果你不是这样，那么无论你在买卖之间是付出了或得到了多少钱，你不会有更多的快乐。因为，你的精神，还是一片空白。

那个年头的那个电视场景，至今仍定格在我的印象里。

实事求是：一种需要勇气的品格

一天，一位朋友告诉我一件在他认为是失望的经历：某日，在W市某民间组织举办的一次由国家级文博部门专家参加的文物鉴定会上，他的一件自以为是真品的古玉却未能被鉴定出结果。那位专家所鉴定的长项是杂项和明清玉器，对于这位朋友所带去的那件高古玉器，她坦言：我不是非常有信心作出鉴定决定，并说，如果有可能，你可以在有机会来北京时我推荐别的专家给你鉴定。

朋友为二百元参鉴费打了水漂而失望。而我，则非常赞赏这位专家难能可贵的实事求是精神。

凭心而论，在现今的艺术品收藏现实中，有些不健康的心态急切需要我们去及时调整或修正，包括对自身所收藏的物品的真伪辨别，不是把精力放在自己艰苦扎实的探究和学习上，而是寄托在一些专家学者的认可上，便是一种十分有害的现象。在这里，我首先认为，对于专家学者，我们必须予以充分的尊重。因为正是他们每一分辛勤劳动的积累，才让我们拥有如此丰厚的知识财富。更何况尊重知识，尊重科学，这在一个文明程度较高的社会里，是必须倡导的一种风尚。因此我经常看到周围那些心气高昂的青年，常常以自己的所知所悉而自我陶醉，因此对那些德高望重的专家表现得不屑一顾，或语有不恭的情况，非常反感。

但话说回来，尊重不等于迷信，更不等于神化，这应该也是一种常识。

现在更需要普及这种常识，是因为：一、所谓专家，在于一个“专”字。也即，在某一个学科内，或者在一个学科的某一个领域或门类内，在长期的实践或研究中，他（她）们确实是一些有所建树的专业研究家。举例说，从历史学的范围内，有专门研究旧石器时期的专家，也有专门研究新石器时期的专家；有专门研究老三代（夏商周）的专家，也有专门研究新三代（康雍乾）的专家，等等。就文物领域而言，有研究青铜器的专家，也有研究陶瓷器的专家；有研究漆木器的专家，也有研究玉石器的专家，等等。而就古玉门类而言，有因为参加过良渚文化的发掘考古而对这一特定时期的玉器形态有过深入研究的专家，也有因为参加过汉代墓葬的发掘考古而对这一特定时期的玉器形态有过深入研究的专家；有对北方干涩地带的出土玉器表现形态有过专门研究的专家，也有对南方温湿地带的出土玉器表现形态有过研究的专家，等等，不一而足。总之，专家的最大特点在于“专”，而不是包罗万象的万金油。二、鉴于上述情况，那么不言而喻，专家包括接受专家传惑的对象，必须清醒地认识到，专家在他（她）专业的范围之外，必然有他（她）不可避免的局限之处。这种局限，不是任一专家的不足，而是客观存在。因为有限的人生，是不可能把自己修炼成一个无所不知的救世主的。

现在突出的问题在于，对于上述这种现状，在艺术品市场这个范畴内，并没有引起作为主体的专家和作为客体的艺术品收藏者的高度重视。在这种情势底下，我们更需要倡导那位敢于承认自身知识局限而不以讹传讹、勉为其难的专家的勇气和精神，与其“以其昏昏，使其昭昭”，不如实事求是，坦言直白，以更小程度的避免对受众者误导！当然，这只是问题的一个方面。另一方面，国民自身文化素养、科学精神和独立意识的培养，对于消除艺术品收藏领域中的迷信思想和神化运动的空气和土壤，应该具有更为重要和积极的意义。

有争议很正常，不正常的是你的心态

有玉友问我，他藏有一件某个年代的玉佩，请二位在国内古玉鉴定上都有一定造诣与声望的专家做了鉴定，但得出的结论却大相径庭，即一断为真品，另一断为赝品，该相信谁的？

我告诉他，谁都相信，或者谁都不要轻信！

问者有点愕然。我解释说，首先给你个前提：如果你对古玉的鉴赏具备了一定的定力的话，那么，你一定要建立自己的自信。没错，鉴定者在自己所从事的学术领域内肯定有着非常丰富的建树和经验，却并不一定能保证认识你手中的每一件藏品——特别是那些非标准器——除非他是神仙。这是其一。其二，如果在古玉的收藏爱好者队伍中，你还属于是一个菜鸟级的人物，那么，专家的不同意见不妨都去听听。但听听不等于全盘接受。你可以从专家的不同意见中，仔细地分析和辨别被不同的专家所肯定或否定的地方，并不断地寻找那些被肯定和否定中的答案，哪怕只是比率很小的答案。那么，相信这样的过程，对提升你的鉴识和欣赏水平，也是有着极大的提高。

其实,重要的不是你总是跟专家过不去,而是如何通过学习提高自身的鉴别能力。说到学习,途径有很多。权威专家的权威之作,便是很好的途径之一。而最好的老师,则是玉器本身。多看一件玉器,你肯定会多增长一分知识。这里,真品玉器是正面教材,而赝品玉器则是反面教材。因此,不说理论研究与文化探讨,只说辨识,那么,你反复端详并琢磨一件或一些被确定为真的或伪的玉器,便必定受益。这就是一些行家常常强调多看实物的重要性的原因。

通过看实物来获取知识,是一条最好的捷径。但这并不等于说,实物会教会你一切。在你面对实物学习的时候,还得学会琢磨,学会思考。实物看得越多,问题琢磨得越透彻,那么,你所掌握的知识,就会越牢靠。

那么,一件看似真真切切或者假模假样的古玉,为什么会经常发生争议?原因其实也很简单:一、眼光不同。此所谓智者见智仁者见仁;二、观念不同。有人不认为民间会出现博物馆或文物考古单位所没有出现过的古玉,也有人会认为这样的可能不应排除;三、立场不同。被鉴识的古玉与鉴识对象有着比较直接或间接的利害关系;四、学识不同。对于同一件事物,一个在其接触的专业范围内和专业范围外的专家的视觉差别,肯定是很大的,难免会产生差距;五、态度不同。出于不同目的或场合有人会见真说假也有人会见假说真,也很常见,等等。由此可见,对于一件争议古玉的判断夹杂着这么多的外在因素,怎么能够指望会达到非常一致的结论呢?

因此对于一件古玉的真伪发生争议,非常正常。不正常的是你的心态。

玉是在琢磨后才成器的。会琢磨玉器是一种才艺,会琢磨玉器之内、之外所蕴含的深邃的学问和内涵的,慢慢地通过藏玉来学会鉴识,学会欣赏,学会辨伪,学会为人,那更是一种了不得的才艺。因此如果缺少学习和思考的态度,那么你的识玉识人的水平,是永远不能得到提高的。总之,不管怎样,是金子总会发光;而是狼,总会露出“尾巴”。是捡到了金子还是遇到了“狼”,这完全取决于你的机遇、心态和知识实力!

我们现在应该怎样玩古玉?

台湾有位朋友,也是古玉的痴迷者。有次他来信告诉我,对于古玉,他不大赞成用“赏玩”一类的字眼来对待之。原因是,在他认为,每一件古玉,都凝聚着无比深厚的历史文化底蕴,是我们取之不尽用之不竭的知识宝库,因此也是我们的“师长”。那么面对“师长”,你怎么可以以“赏玩”这种那么轻浮的态度待之呢?朋友的话,虽然过分执著了一点,但足见其爱玉的思想,是十分的深刻。

我这里用了一个“玩”字，是照顾到习惯，而与态度无关。就像我们习惯上有个“玩物丧志”的说法，到了另外一个办报朋友的手里，则叫做了“玩物尚志”，即在赏玩的过程中提升志趣。立场观念上的差异，决定理解上的别致和深度，都是一种智慧。

而古玉的玩法同样会因为立场观念上的差异而影响着收藏者的走势和结果。因此很遗憾，现实中有太多的不和谐表现，会败坏我们发生投合的兴致。

——有一种不恰当的自负，常常会让你扫兴。这类人群中不乏资深收藏者、古玩店主和多年涉足于江湖吆五喝六的人。他们那种始终以一副自以为是、舍我其谁的神态，以及对待别人和别人的藏品不屑一顾的目光，让你常常会感到莫名其妙。但你不能指望他们能改掉这样的秉性，因为在他们看来，玩玉玩到这个份上，那才是他们所要追求的“最高境界”。有次见到一位年长干练的同好，正为朋友鉴别一件高古玉器，估计连器型风格都没看懂便又是画图、又是比划的大讲刀法工艺过程。可是糟糕的是，无论纹饰还是作业手法，他都作了张冠李戴的解释。因此，看他振振有词地作着非常自负的解说时，不能不让人有种滑稽的感觉。类似遇到这样的场面，即便拿出再虚心再诚恳的态度，要想与之交流学习，都会没有一点可能的余地。

——过分的不自信，也是一种幼稚低级的错误。也有的朋友，是另外一种极端。他们好古、爱玉，但十分的缺乏底气。他们也学习，向各种各样的书本和玩家学习，但唯独不注重选择。他们有很狂热的收藏欲，也很容易为那些动听的故事所打动，于是他们被糊里糊涂地推进了轰轰烈烈的收藏大军之中。可是当他们真正地进入收藏实践以后，并立刻迷失方向找不到北了。于是，每有一件藏品到手，他们便走东奔西，到处找人验证着自己藏品的真伪。张三说真，便惊喜不已；李四说假，又后悔莫及；王五看真，便再次惊喜；赵六说假，则复又懊恼，如此这般，往复不止。或喜或忧的情绪，完全牵制在一件藏品或真或伪的结果断定上。而对于藏品本身所提供的知识，无论是正面的或是负面的，却一无所知，或虽有研究而浅尝辄止，更谈不上自己的主见。这样的收藏，能提高定力、找到乐趣、获得收获？那才是怪事！

——经验与主观，是一对不协调的孪生姐妹。接触到一些民间藏家，确实有很好的藏品，也有可贵的实践经验。但可惜的是，视野也常常为经验所遮挡。因此，对于一些在材质、器型、工艺风格等方面比较典型的古玉，他们鉴真释义，如数家珍。而稍有变数，则显得有点无所适从，知识面也未免捉襟见肘。但正因为有着成功的收藏经验和知识积累，这时候，主观性判断意见便会极易变为一种固执的成见，从而有可能产生极有杀伤力的负面影响。这种情况下，无论从哪个方面考虑，提倡谦虚谨慎和理性思考是多么的重要。

——急功近利，失去的是收藏的真正意义。我总认为，把古玉收藏纯粹当作是一种投资，那是一种不明智的做法。可以这样说，在现阶段，古玉收藏中的急功近利，是一条很难走得通的道路。因此对有些朋友，偶或手中有了真品，就到处打听卖主以便翻几个筋斗赚上一票的想法，我就总会去泼点冷水。倒不是因为怀疑古玉的真实价值，而是觉得，这种理念上的偏差，会给你收藏的情趣大打折扣。也就是说，如果你收藏古玉，不是为热爱蕴藏在古玉之内的博大精深的文化魅力，并且以此作为自己精神生活的一种补充或寄托，而只是为编织一个一夜暴富的美梦，那么，即便是一件价值连城的古玉，也不会满足你的那种欲望。因为贪欲，是一个永远没有底的深渊。

凡此种种，可见玩古玉也是八仙过海，各有神通。回到话题：我们应该怎样玩古玉？结论则是：玩到你快乐。如果在一个虚虚实实、真真假假、五花八门、缤纷复杂的古玉收藏现实中，你始终没有找到其间的充实与快感，而总是陷入那种因希望与失望交替而常常变得提心吊胆和没完没了的烦恼之中，那么，我要劝你的是：不玩也罢！

在×市喝小酒时所想到的

某年在×市，在该市文化市场旁一个简陋的小饭店里，我与朋友正歇下脚来用着简餐。一会儿在邻近的那张餐桌边，坐下来三个吵吵嚷嚷的年轻人，看似农民打扮，呼唤着点酒点菜。我本来是个爱安静的人，所以选这个小饭店用餐也是为了找一点安宁，不料这一份安宁立即被这三个年轻人所打搅了，有点不悦。但是转眼一想毕竟是个公共场所，姑且将就着吧，就只顾喝我们的小酒。

不料他们的话题很快让我从不悦中发生了兴趣。我声明，我从来没有喜欢窥视别人隐秘的癖好，而且从来认为这是不文明的或是不道德的表现。但实在是他们的话题太具有新奇感的吸引力了，因此不能不佯装无事地侧耳探听，以满足自己的那一点点好奇心。

原来他们是堂兄弟三个，远在A省，大约干着盗墓的勾当，顺便也用一点蚌埠的假东西充充数钓钓人。这在他们不大设防的口气中可以听出。这次在×市干活，有一点货。刚才他们去文化市场转了转，正好赶上当地的一个活动，是该市收藏家协会请来了几位知名文物鉴定专家为市民作义务鉴定。他们自己说也去“浑水摸鱼”了，拿去了二件玉蝉，一真一假，都是白玉质。真品是他们才搞出的翅翼断了一角的那件，假的呢，是某地方政府作为装饰礼品送给来访客人的仿品，青海料。不料给那位玉器专家一鉴定，完全南辕北辙了：真的被说成是假的，假的却被说成了真的。他们就为这件事，边喝酒边调侃着一直到我们离去。

于是引发我的思考。对这件事本身，我觉得没有什么好奇怪的。一时走眼，也不足以说明什么问题。我思考的倒是别一个问题，那就是，多少年来的民间收藏，有不少就是源于这样的散兵游勇。那么，如果要说百姓手中确实握有一定量的珍奇异宝等待我们去发见去保护的话，那也应该是一个非常容易理解的事实了。为什么这样说呢？我有一个简单的推理：数千年来有历史记录的帝王将相、贵胄王妃的墓葬，应该不计其数，而经官方科学发掘考证的则微乎其微；反过来，自宋后，盗墓成为了一种野蛮的职业以后，无论从历史、队伍以及盗掘的出土文物数量来看，与官方相比，肯定会有过之而无不及，占据着绝对优势。说实在的，这是一个常识性的问题，但是在一些人的眼里，却往往视而不见，这就造成目前收藏领域所时时遭遇到的尴尬的原因之一。

诚然，在时下赝品满天飞的情况底下，对于每一个热爱古代艺术品收藏和研究的人来说，我们需要更多的严谨。而在没有完善的政策体制的制约下，我们更需要正视现状的那种理智，和不断探索、寻求真理的勇气。

温润的灵玉与冰冷的石头

玉器，作为一种艺术创作与雕塑作品，总是美丽和珍贵的化身。然而，每每沉浸在古玉那庄重敦厚、灵动飞扬、与生气盎然的至臻至美的意境中，常常慨叹于时下琳琅满目的新玉作品，虽然不乏那些弃功利重修美、而孜孜不倦于艺术追求的大师们的精彩之作，但总体而言，都不可避免地散发着一种与艺术极不协调的平庸和低俗之气。于是想到，玉石之为器，有的最终成为一件温润的灵玉，而也有的则依然还是一件冰冷的石头，其间的差异，让我们看到的恐怕还是一种文化上的断裂或式微。

赋予玉器以灵性和生命，在于对时代精神的正确把握，不管这种精神对于时代的进步有着多大的影响或牵制，但玉器一定是这个时代某个侧面的反映。因此，温润的灵玉，就是那些被赋予了生命和灵性的玉器。它们的存在，几乎让我们从一个视角看到一个活灵活现的世界。而那些湮没在世俗漩涡中既无时代特征又无艺术创意的千篇一律的玉器，让我们常常不能不认为，那不过是一堆被刻了图案的冰冷石头。这，也是有感于时下玉器新作的通病而引出的想法。

说到新玉雕琢的流弊，这里只选题材一议——陈旧而僵化，看不到一点鲜活的时代生活气息。不是吗？清一色的神佛、瑞兽，清一色的瓜果、虫鸟，清一色的老翁、童子……清一色的传统题材和图案，依样画葫芦的照搬临摹与机械化的模仿，几乎让我们从中无法找到属于艺术创作的元素，而呈现在我们面前的，则只是一件又一件没有生气的陈谷子烂芝麻般的作品。从汉代的螭虎到宋元的禽鸟，从明初的璧牌到清末的花片，从辟邪到龙凤，从弥勒到观音，从生肖到谐音祈福……举凡古而有之，无所不仿，一应俱全。而其所蕴含的题旨，则不外乎寄托了人们升官（如以猴马为题材的"马上封侯"）、发财（如以金蟾铜钱为题材的"财源滚滚"）、族旺（如以松鼠葡萄为题材的"多子多福"）、家安（如以蝙蝠桃子为题材的"福寿双全"）、辟邪（如以貔貅为题材的"灵兽驱凶"）、护身（如以观音弥勒为题材的"男戴观音女戴佛"）等等美好的希望和追求。讨个好口彩，对命运怀有美好的愿望并且虔诚地祈祷和追求，这不能说是一种错误。错误在于，它一旦被艺术家无节制地表现并且占据了艺术创作的全部或主流，那么它所带给人们的精神指向，是非常糟糕的。在一个日新月异生机勃勃的现实中，在一个文化交融十分活跃和繁荣的社会里，在一个艺术创作环境大为广博和宽松的情势下，玉器创作的题材，却依然沿袭着先人铺就的路子，在一个狭隘的胡同里周转，山子必松柏老翁、摆件必佛像辟邪、坠必瑞兽瓜果、牌必龙凤观音……所不同的只是技法更熟练，工艺更精细，外观形状更适宜把玩罢了——不能不说是一种衰落。观照商、周多姿多彩而不拘一格的肖生玉世界，比之战、汉气势磅礴而又飘逸律动的礼玉佩饰，深感时下这种滥觞而又低拙的玉器作品，无论在选材还是题旨上，虽然继承了宋代与明清的复古之径，但与艺术的距离，是多么的遥远！

这样看现今玉器市场的繁荣，不能不有点黯然。但既为市场经济的现实，又确信它有合理存在的理由。当然，偶或看到，优秀的玉器新作也是层出不穷，也便认为前景自然有其灿烂的一面。由此认为，有生命的温润的灵玉，与没有生命的冰冷的石头，虽然同为玉石，但其间的差距，并不是一条不可逾越的鸿沟。而在今天，即便这种玉文化的倒退或衰落，与一个有着丰富的精神与艺术矿藏、悠久的崇玉爱玉传统的民族和国家，极不相符。但时代需要创新，生活需要艺术，艺术需要发展，而发展需要除弊破旧——必定是一种大势所趋。因此，只要我们有勇气承认现状，只要我们所孜孜不倦倡导的玉文化真正成为国人的共识，只要有更多的有识之士勇于探索和不懈努力，那么，期待中的玉器雕琢艺术的春天，就一定会到来！

2008 年暮春草于南通海之门户

图录

新石器时期·玉璜 玉管

新石器时期
骨管（高 105mm 直径 15mm）
江苏金坛三星村出土

玉璜与玉管，是新石器时期比较常见的器型之一。这些在现今看来普通得不能再普通的玉器，较之旧石器时期的打制工艺，对于人类文明的发展绝对是一个质的飞跃了。此玉璜采集于苏北（当然并不一定是该地的出土物），年代特征似乎比较接近于江淮流域一带文化期的器型。而玉管采集于北方内蒙一带，有“泛红山文化期”玉器的一些特征。可以想象，在四五千年之前，这是两个非常遥远的截然不同的世界。想不到四五千年之后，会殊途同归碰撞在一起。这就说明，深远的历史，有时会在一瞬间内改变事物的结局。璜、管玉质不明，估计不是闪石类佳玉，可在“美石即玉”的时代，并不妨碍它们成为珍宝的高贵地位。二者都呈钙化状，但钙化的状态可以看出入土条件的差异。玉璜整体呈鸡骨白色，玉表平滑而光泽温和自然；玉管则一侧呈牙黄，另一侧钙化处有明显蚌蚀，可能为坑口较为干涩的缘故。喜欢它们的古朴之气和一目了然的沧桑感。也许，这二件时下并不为人所珍爱的玉器，从前，应该不是凡夫黎民所能占用的呢。

年代：新石器时期
名称：A 玉璜
　　　B 玉管
规格：A.137*20*2mm
　　　B.85 (55) *10mm

新石器时期·玉钺

这件玉钺的玉质很好，豆青色，厚实、庄重。中间钻有一孔；边缘受沁严重，因此有明显的鸡骨白钙化状。细微的冰裂痕，非但未损其美，反而增添了几分古朴的味道。玉表莹润，是因为见到天日后被人把玩过一段时日了。刀斧的形状，很会让人联想到战争。但从尺寸看，显然又是不能用于杀敌的。它的演变，应起源于细石器之前的工具。而工具之最终演变为战争的符号，说到底是人的欲望膨胀的结果。我有时总会突发遐想：如果永远用它作为工具使用，永远保持一个平和安宁的大同世界该有多好？有如《尚书·尧典》所说，“百姓昭明，协和万邦，黎民于变时雍。”但这就如我现在一点也不希望看到到处是世俗与浮华而世俗与浮华就是到处都呈现在光天化日一样绝不可能！也就不去管它。从业已考证的结果看，显然，玉钺作为远古年代的统帅礼器，这样的功能定义大概不会有错。见过大小不同规格的玉钺，不知是否大小不同等级的统帅所使用？历史上的谜很多，而文字又起始得迟了点，因此并不是什么疑问都能在一件器物上读得懂意义的。

新石器时期　陶斧　江苏金坛三星村出土

年代：新石器时期
名称：玉钺
规格：80*50*9mm

新石器时期·玉镯

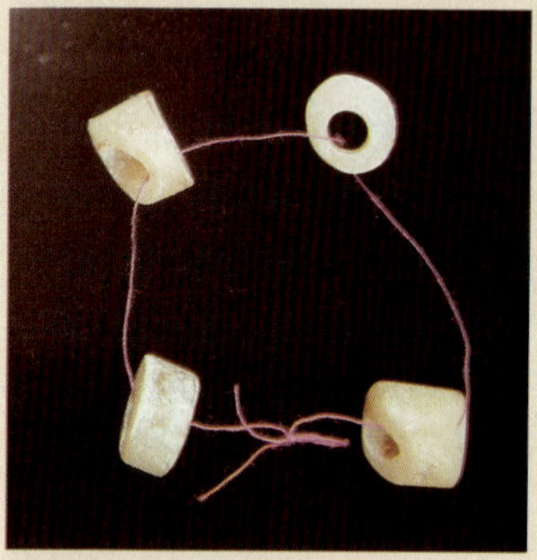

新石器时期　玉珠
江苏金坛三星村出土

现在的玉镯是女人的专利，但在远古时期可能并非如此。远古时期无论男女只要达到了一定的社会层次，那么就有权利来享用玉镯。而且，玉镯是否仅仅是为了美化？也未可知。它会不会还有其他的象征意味？因为印象中玉镯（包括臂镯）在新石器时期通常较为流行，那个时期恰恰还是巫玉阶段，相信其时先人装点自己的玉臂除了美化之外一定还会有其他更高的企求。商代以后至汉虽偶或见有，但不很普遍，盖为随着美学趣味的提高、可供美化的佩饰玉件太多了？这件玉镯为青玉质，其中一面有雾状沁色。这是为藏界所欢喜的一种色泽。其喜欢的原因，大半只是容易为人接受为真品而能卖钱而已。我不大在乎这些，因为这毕竟庸俗化了一点。只要经考证认定是古的老的，那么一定是祖先宝贵的遗物，不去管那些永远找不到标准的是非之争，好生收藏起来便是。从材质、受沁情况和形制来看，这件玉镯的年代大概在新石器时期到夏商之间。

年代：新石器时期
名称：玉镯
规格：76*7mm

新石器时期·珠 管玉饰

一般认为，史前玉器的主要功能，是巫觋用于沟通天地的工具，即所谓“以玉事神”。但从较多管、珠、环等类出土玉器的情况来看，又不尽然！以玉作为装饰美化的饰物，应该也是史前玉器另一十分普遍的功用。只是拥有这种饰物的对象，则当然是那些有着特殊地位的上层人群。那么，几千年以前的珠、管、环类玉饰，非凡人所能使用，实则也是非常珍贵的日用奢侈品了。该组珠、管玉饰，与前一样为相近年代不同地域的物件，黑白串珠，为杂质玉石及煤精所为，通常认为与夏家店文化有关；管、环小件，则以优质闪石类玉琢成，其中有北方也有南方之新石器时期特质。串珠的光洁与规整，会让人联想到先人在制作自己崇敬之物时的坚韧与耐心。以当时的生产力水平而论，也确实让人匪夷所思。与之相反，管、环的不甚规则虽然传达了原始制作工艺的信息，但其光洁莹润的色泽却一览无余地展示了它们内质的美丽。在今天看来，这样的珠管玉饰，对于世人显然没有强大的吸引力了，但是你千万不要忘记，在那个悠长的历史长河里，在我们伟大的华夏文明史上，它们毕竟曾经书写过不同凡响的一笔。

大汶口时期女子复原像

年代：新石器时期
名称：珠、管玉饰
规格：3–14mm 不等

夏-商代时期·牙璋

这种器型，好像只是大量存在于夏商二代，尤其是夏代，或更早。之后就少有出现。殷墟妇好墓出土的755件玉器中，只发现一件此类器型的残件。而据《周礼·春官·典瑞》载："璋邸射，以祀山川，以造赠宾客。"似乎有沿用至西周的证据。追溯它的起源，杨伯达先生认为，山东省龙山文化遗址出土的牙璋为我国最早的牙璋（《古玉史论》，P146）。而张长寿先生则认为，陕西榆林石峁曾经发掘和流传过不少这样的玉器，应该是此种器型的鼻祖（《商周考古论集》，P191）。说明这类玉器的起源，起码应是新石器晚期就开始出现了，并且也热闹过一段时间。尽管它存在的时间不长，但留给人们的谜面则是不少。首先，在功能上，有礼玉与殓玉之说。我以为礼玉应是它的初始功能，而殓玉只是在它的拥有者消失以后才理所当然地被选作的附属品。其次，这类玉器的色泽，以玄色为多。也即它很多是以黑玉或深碧色玉作为材料的。这种选择，固然有材质采集上的限制，但更应该有当时社会、宗教的意义或审美取向上的因素。可以看到一些零星的考证，但似乎都不足以明了其中的是非。再次，形状和内涵，也颇费人思量。上端的V字形与柄部的出脊工艺，它们究竟分别代表了一种什么样的象征意义？仅仅是因为美化吗？玉璋也是古代玉器中耐人寻味的一个品种。书中的这件牙璋便为典型的黑色（实为深碧色）玉材，玉表打磨精致，光泽润滑。上部为V字形刀刃，脊齿状柄，应为该时期的典型器之一。

年代：夏-商代
名称：牙璋
规格：300*45*4mm

商代时期·玉人首

商代　玉人　高 60mm 宽 51mm
现藏美国

此玉人面饰为青黄色,玉质莹润。单面琢纹。方形大脸。从发型和五官看,似为商代面目:丝丝工整的齐额短发,臣字目,蒜形鼻;阔嘴,厚唇,中刻一线表示抿合之口——这些特点都是具备了商代人物的风格。那个年代,非常重视对祖先的祭祀崇拜,因此可以推敲此种玉器是作为祭祀祖先之用的供品或饰品。类似的玉饰有过出土记载,猜测是商代部族的祖宗尊容。一个无足轻重的人物,不可能被当作一种比较固定的形象作为玉雕题材的。因此可以肯定,此种人面一定属于一种不可渺视的角色。从雕琢的技法看,玉人面以阴刻琢线,线条洗练明朗,绝无拖泥带水之感,因此凸显其神态的安详与神秘。额部发际钻有一孔,估计可以供奉或镶嵌系牵或作为随身佩饰之用。这样的器型,应该是王家所独有,它代表了一种至高无上的祖灵形象。何况商代信神弄鬼盛行,于是非得借助于这样的神品。因为他们坚信能有力量保佑你的,必定是那些仙逝而去的祖先神灵。

年代：商代
名称：玉人首
规格：78*65*5mm

商代时期·玉戚

灰白玉。透闪石质。这是一种商周以后常见的玉材，其基色应为白玉，因间有较多的黑色芝麻状沁点，因此看去有种灰白的感觉。这种材质，硬度好、结构缜密、质地晶莹，如果埋葬条件不是太恶劣，通常出土后依然能保持很好的玉色，会令人不大容易相信它的年岁。遇到这种情况，只能撇开那些常规的鉴识经验，从别的视点去观察审视了。当然最重要的还是器型的时代风格、纹饰和工艺特点。此器非常厚重，看去极具王者风范，让人想到它可能是一件实用与权杖兼而有之的玉器。图案以兽面为主纹，气韵庄重而威严；辅之以涡纹及蝉纹（这在一些同时代的青铜器上也可看到类似的纹饰），布局疏朗而有韵律。从刀法看，以阴线与双阴起阳相结合，坡面干净利索，线条立体感强，一眼望去，则见曲折处刚劲有力，而勾卷处又舒缓自如。综而观之，这种浑厚的形制与朦胧的玉色、诡秘的纹饰和利落的用刀、加之玉表轻曼醇郁的光泽，使玉戚在阴柔与阳刚的完美统一上，达到了很高的艺术境界。

新石器时期　石钺（长 450mm）江苏金坛三星村出土

年代：商代
名称：玉戚
规格：170*115*10mm

商代时期·玉戈

玉戈始见于二里头遗址，流行于商、周两代。考证认为，由于玉石本身质地坚脆，无法将玉戈用于实战搏击，且大量出土的玉戈无使用痕迹，可知商周时期的玉戈应是一种军事仪仗礼器。此件玉戈为青玉质，扁平状，援阔而呈尖首长方形，平直，中有长脊。内作长方形。在内与援交接处有一穿孔，用以缚柄。援、内相交处饰兽面纹，双面一致。关于兽面纹，亦常被称作饕餮纹，李学勤先生在《多彩的古代区域文化》一节中关此种纹饰溯源的议论，觉得颇有新意而值得玩味。他认为，“追溯饕餮纹的来源，目前可上推到良渚文化、山东龙山文化的玉器。良渚文化的饕餮纹玉器，其纹饰具有带特殊形状的冠，能对分为左右对称的花纹等等特点，和商代饕餮纹一脉相承。山东龙山文化的这种玉器，发掘品尚少，但一些非发掘品的文化性质还是清楚的。其纹饰有和良渚文化共通之处，如有两种不同的颜面并存，和商代饕餮纹也有联系，年代更为接近。”（李学勤《中国古代文明十讲》：“古代文明与区域文化研究”）。李先生进而认为，这种带有肃穆神秘庄严的纹饰，广泛流行于商周时代的青铜与玉器，不仅仅是带有“恫吓”性质的作用，而是有着更为深厚的历史与文化根源。此说甚为精辟。

年代：商代
名称：玉戈
规格：226*51*4mm

商代时期·玉人

白玉。圆雕。质地精良。品相好。一侧微有线状绺裂，无伤大雅。玉人猴脸，面部下凹，臣字眼，蒜形鼻，前额窄小凸出，下颌略尖并微微上翘。双手抚膝，呈跽坐状。从装束看，此件玉人穿着华丽，衣饰双勾挤阳云状纹饰，应不是一个等闲之辈。在商代晚期，这种圆雕跽坐状的玉人出土物见到过不少，1976 年殷墟妇好墓就出土过类似的玉人，着装与姿态大同小异。而雕成这种猴脸的，除妇好墓那件外还见有别的。近读孟世凯先生所著的《商史与商代文明》一书，其中在“商族起源诸说”一节中说到甲骨文卜辞中的“高祖夒”，认为“甲骨文原形‘夒’似动物猿……王国维最早考释出是商族先祖帝喾。”联想到这件玉人的容貌，似有一定道理。但也有考证这种形状的面相是蒙古利亚人种的特点。“蒙古利亚人种”即黄种人的学术名，经人类学家考证认为，其外部特征是黄皮肤；面骨宽而平，颧骨靠近眼睛；鼻骨短、鼻根高；牙齿呈抛物线排列，门齿呈铲形；眼睛细长，眼裂小，外眼褶发达，眼珠为深褐色，部分人眼睛呈内低外高倾斜；头发黑色，直发，浓密；头指数（即头骨左右宽比前后长）大，等等。一万八千年前北京一带的山顶洞人就具备了大部分现代黄种人的特点。这就扯到更远的祖宗了。我基本同意前说。总而言之，不管怎样，这种玉人的形象也即为我们祖先的翻版。只是这位祖先是三千多年前的朝中之人，富泰、端庄、神情专注，使你在注视他时不能不生出一种敬畏之心。

年代：商代
名称：玉人
规格：88*44*40mm

商代时期·玉人

绿松石质。片状。在古代,绿松石的使用大致一则因为它符合“美石即玉”的原则,二则也是为填补其时玉石供不应求的紧张状况。从玉器进入到人类上层社会的那天起,对于玉石料的开掘与攫取就成为了王侯贵胄们一项乐此不疲的事情。对于这样的情况,我们从新石器时代至西周早期那些玉石质量与性状丰富多彩的事实看,可以想见先人对于玉器热爱的疯狂程度。绿松石因质地坚韧细腻、色泽艳丽诱人而很早就被古人发现应用,其摩氏硬度为5—6,相对密度为2.6—2.8,颜色以湖蓝与油绿为上佳。此件绿松石制品,为蹲踞状人形。双面纹饰,是用双勾起阳的手法琢成。这种手法,在商代比较流行。与其他流行的特征一样,头部在身体的比例,占有三分之一之多,其耳目的刻划尤其夸张。衣饰纹,似乎是贵族装束。腰部钻有一孔,也是供佩挂之用。玉佩为湖蓝色,除了一侧臀部处有较为明显的锈蚀外,基本保持了艳丽而温润的本色,甚为悦目。如果你对古代的玉石文化理解得够多够深,那么相信你去打量这样的佩饰,与上佳的玉件相比,是一点也不会逊色的。

商代　玉人　高43mm
现藏美国

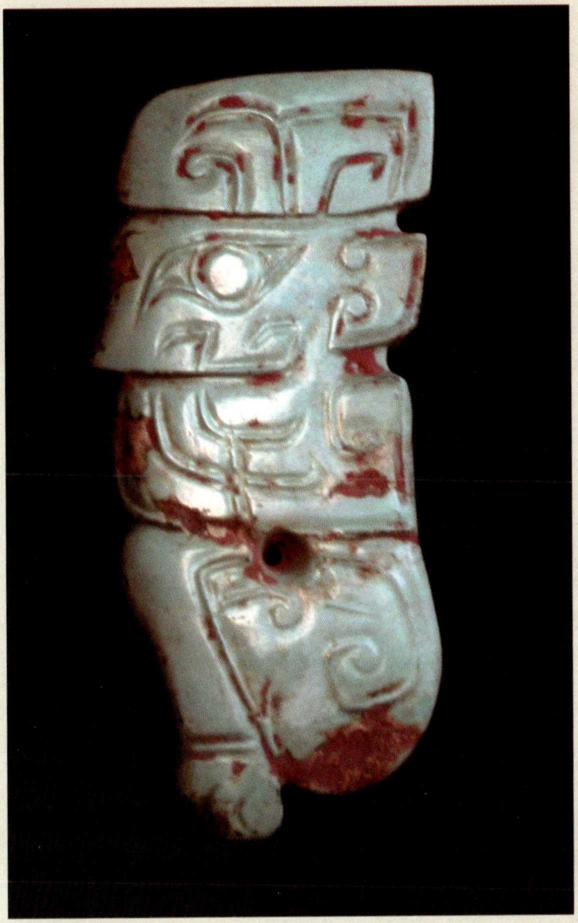

年代：商代
名称：玉人
规格：65*30*5mm

商代时期·玉侧面人形璜

淡黄色玉。片状。玉色莹润。玉表有白色薄雾状沁皮。冠饰部有大片蚀斑。这是一位戴高冠的男子,被琢成了佩璜的器型,便有了被供奉的意义。佩璜是一种玩赏性的佩玉,与西周杂佩中人纹、鸟纹、龙纹等璜不相等同。玉人呈侧面状。因此联想到西周出土的大量的侧面人形佩及璜形佩的创意起源可能与此有关。戴高冠、衣饰华丽的云纹、臀部有一“十”字圆圈符号，这些都体现了该玉人的身份。看到过一些商代片状玉人臀部带有“十”字圆圈符号的考证文章,有说是“簇徽”也有就干脆说是“肛门”的,觉得都有种似是而非的感觉。它的真实含义,只有“神”知道。没有文字记载的考证,有时确实都有点玄。关于工艺手法,头冠上的“出脊”,是边缘镂空的一种做法,比较常见,也是商代玉器的一大特征。这种“镂空”手法,从直观看最能具备商代玉器雕琢风格的是“刚直”。这与它常为运用的折铁线纹饰特点一样。其过程不外乎是通过管钻打孔后再用线状工具使其成形。与西周的镂空技术相比,稍有不同。关于这,我们可以从后面的西周镂空玉器中加以体味和比较。

年代：商代
名称：玉侧面人形璜
规格：69*20*5mm

商代–西周时期·玉人

商代　玉人　摘自台版郑方氏著《玉萃图谱》

这件玉人的年代大概在商、周之际。玉色淡黄，质地温润。玉人雕成扁圆形，五官刻划夸张：天庭饱满，颧骨稍鼓；鼻呈蒜形凸起，双眼琢以双圈，圆睁直视；樱桃小口，似张似合。而那一身被刻划得华丽的锦衣装束，似乎在西周的上层社会中已很流行了。从整体看，玉人面容端庄，神态肃穆中带有温和，不像那种用于震慑敌人的凶神恶煞，而更像是一位慈祥的长者。值得一提的是这件玉人的沁痕，是一种灰白色土沁，严重覆盖了正反两面，轻重不一地沁入玉里，状如钙化，虽色调看似比较单一，但还是能从中看出不少的沧桑感。商至西周的玉人，品种较为繁多，这与先人其时崇尚的祖灵崇拜有关，其中似有好多奥妙需要探究。但不管怎样，我总有一种固执的观点：远古以人形或人首、人面为题材的玉器，其所表现的人物主题，一定是有具体的指向或比较确定的象征意义。也就是说，作为玉人的他（或她），一定代表着一位具体的先祖或氏族领袖或被崇拜者。至于这位先祖或氏族领袖或被崇拜者是张三或是李四，我想随着更多的考古发现和文化发掘，在若干年之后，相信答案会慢慢浮出水面。而它们所蕴藏着的谜底，也正是古玉带给我们的魅力之一。

年代：商代-西周
名称：玉人
规格：136*50*8mm

商代时期·玉圭

灰青玉质。片状。器身钻有大小孔。对玉圭的概念我很模糊。《周礼·春秋·大宗伯》载:“以玉作六器,以礼天、地、四方、以苍璧礼天,以黄琮礼地,以青圭礼东方,以赤璋礼南方,以白琥礼西方,以玄璜礼北方。”按理说,作为六器之一,它在古代玉器中有着非常重要的地位。但是,居然,与其他五器相比,在三代出土玉器中并不多见。而且在形制上,也是类别不清。有说“剡上为圭,半圭为璋”(《说文》)。也有说:“圭锐像春物出生,半圭曰璋。”(《周礼注疏》)。而著名考古学家夏鼐则认为“作扁平长形,下端平直,上端作等边三角形”。可是遗憾的是,二里头发现的玉圭,却与这些文字记载的标准均不符合。因此有学者认为,夏、商两代所发现的玉圭是一种器名不详、功能不清楚的瑞玉。并且结合考古研究进一步得出这样的结论:真正符合文献器型的玉圭,最早出现在西周中期,下端平齐,有小孔,上端呈三角形,中间有脊,两侧较薄……在当时是十分珍贵的,在西周只有国君才能够使用玉。我认为这种说法也许有它的道理。但是说到这件青灰色的玉件,当为商代瑞玉无疑。而在名称上,因找不到更加合适的符号,姑且以“玉圭”命之。其中的奥秘,比如功能地位作用等,应有许多值得进一步求索的地方。

年代：商代
名称：玉圭
规格：77*33*2mm

商代时期·钺形器

此钺长方形片状，双面工，上下分别饰兽面及蝉纹。两边出脊。顶平直，底呈弧度斜刃。上部有一孔，呈单面管钻状。玉质应为硬度略低于和阗或岫岩透闪石类的玉石。白色，但全器几乎大部呈现出铁锈红样糖沁。这是一种玉器本身因受沁而出现质变的现象。据我观察，对于某些处于特殊地理条件中的古玉，糖沁与质变是一种非常典型的沁变状态。这往往会让研究和收藏者所忽视，常常将之视为是玉石本身的原生形态。但是需要注意的是，铁锈红状糖沁的原生与次生，其最大的区别在于是否是局部性侵入还是整体呈晕散过渡浸润。如果是前者当然需要从其他方面进一步考察。如果是后者，尤其是它符合了更多的真品时代特征，那么就不能轻易地将其束之高阁。其实，糖沁与质变是有着比较紧密的联系。关于糖沁的成因我认为大致为：一是环境中的三价铁离子成分；二是地湿条件；三是地温条件。也就是说，古玉长期存在于温湿并含有大量三价铁离子矿物质的地域环境中，其最后的出土面貌便是这种情状。关于这，在拙文“古玉‘糖沁’刍议”中有专门浅述。建议从某些存在着这一地域环境中出土古玉观察中，观察和理解这一道理。

年代:商代
名称:钺形器
规格:115*55*5mm

商代时期·钺形器

这件整器看似一片红褐色的玉器，其实是一件地道的和阗透闪石青白玉。这从局部展示中可以看出。形成这种色泽的原因如前所述一样，即决定于下述几种外因条件：一、水土中的三价铁离子含量；二、温湿度；三、年代。关于器型，那志良先生在《中国古玉图释》列举了现藏于美国明尼苏达美术艺术馆的一件同样形制的玉器，与此件类似："琢有两层兽面纹，上面的一个，两角凸出缘外；下面的兽面纹，下有直纹四道。銎就在上面的兽面纹口部地位。"据认为"这是一件比较特殊的斧"。这种分类，我认为尚有值得商榷的地方。因为从功能看，斧在当时大致都作为生产工具，造型大致也都简单朴拙，而此种选材优良、工艺精美的器型，应当不会用于生产，而可能与军事权杖有关，因此我认为那还是一种钺形器之类的古人遗物。当然未必有更准确的称谓，那是祖先给我们留下的谜。总之，如果更宽泛一点地归类，将之列为商代晚期的一种礼器，那是必定无疑的。

年代：商代
名称：钺形器
规格：155*43*6mm

商代时期·玉盘

此器采集于西北某地，与前相比，显然是两种完全不同的坑口。全器钙化呈鸡骨白色，器表包浆醇厚，光可鉴人。玉质不明。所以钙化成如此，除了久埋于干燥之地外，玉器的质量硬度也许是个主要因素。我曾经说过，如果你爱上高古玉，那么对于材质最好不要有太多的苛求。这也是希望我们的爱玉者能够理解我们的祖先。在生产力并不发达的远古，你不可能要求历代先人以我们今天的标准去选择玉材。因此，常常听到一些专家或藏家谈到藏玉要先质而后形、纹的说法时，我总是很不以为然。我不否定佳玉的珍贵，但我更认为如果它不去承担着赋予我们历史的、审美的和文化的价值的话，那么它充其量也只能是一块没有内涵的石头。图中玉盘，从它的功能来看不属于佩饰类玉器，但也一定非王家莫属。殷墟妇好墓出土过同类型的玉盘，底圈镂空十字形纹饰，工艺更精细。从它的形状大小来看，用作盛放食物的可能似乎都不是太大，也不可能作为玩赏之器，于是只能从祭祀方面去作考虑。国之大事，唯祀与戎。商代的祭祀用品层出不穷。此盘既是以玉琢成，而且形制珍奇稀少，在其时，一定有它特殊的礼仪作用。

年代：商代
名称：玉盘
规格：112*78*28mm

商代时期·兽面佩

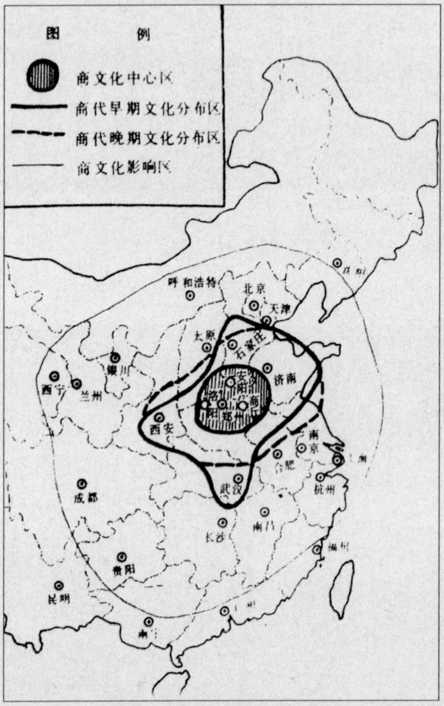

商文化分布及影响区示意图

淡黄玉质，是一种当时常用的玉材。片状，双面工，同纹；正反面微有凹凸区别，故器成拱形。由于局部受过比较严重的沁染，因此一角有明显色变而几成钙化。从玉佩的整体形象看，是比较典型的兽面纹，类似青铜器中的饕餮纹。极力表现它的威严，是玉工的追求。这种效果，在这件玉佩上应该是得到体现了。器型方正而规范，神情神秘而威严，体积大小很适合于佩戴。注意一下商代肖生玉器的“臣”字目：一般均由圆圈形眼珠和豆荚形眼眶二个部分组合而成，层次清楚，模式较为划一。诸如此类以兽面或兽头为题材的器型和形态，一直到东周也时有出现，变化的是由抽象的兽面而演化为具象的虎面或熊首罢了，说明玉器的压邪和护身功能，确实很早以来就为先人所发现和推崇。

年代：商代
名称：兽面佩
规格：33*30*2mm

商代时期·玉虎

成双成对的佩玉，在殷商或更早年代每能见到。这让我想起了一个“珏”字，有字典解释为“合在一起的两块玉”。这与《说文》的“二玉相合为一珏”的意思是一样的。由此认为，“珏”指的大约就是这类成双成对的玉器佩饰了。这种将玉器雕琢成两相对称的佩饰，用以装点美化，盖源于古人原始的阴阳调和与平衡和谐之美的表现吧？所以这样说，是因为在成双成对的玉器中，非但大小尺寸及形状相近，而且如细加辨察，发现还有阴阳之别。有考古依据的是，更早的牛河梁遗址一座积石冢的中心大墓里，就见一完整的男性骨架“头部两侧有两个大玉环……双手各握一玉龟，一雌一雄，相配成对……”，应既有祈求神玉显灵，同时也有信奉世间万物的阴阳平衡之意。图中的玉虎，成对，形、纹相似，大小接近，玉色淡黄，沁色浓重，质坚而色润，虽功能不明，但同样可以认为具有上述使用意义，即视为“珏”的一类。进而推测，与“珏”同音，先是作为耳饰继而亦为佩饰的玉“玦”，不管形态内涵有过怎样的演变，但在“成双成对”这一点上，恐怕也是有着大致相似的特征。

年代:商代
名称:玉虎
规格:76*12*8mm

商–西周时期·玉虎

青玉质。片状。据我观察，殷商或西周早期的玉虎，在神态上不是表现它的威武，就是表现它的华美。这件玉虎所表现的，便是前者。说明先人在审美趣味上，也是具有多样化的选择。玉虎雕琢得威武，是为了突出它的护身辟邪作用。而在威武中增加一层华美的因素，便有了更多的欣赏的意味了。当然，这并不是绝对的，而只是一种侧重而已。侧重于威武与侧重于华美，都是玉工要追求的两种不同的审美境界，无有高下之分。只是说这种特征，是不同艺术风格的表现结果。细察这件玉虎，在造型上简约传神，只寥寥几刀，便将虎的身躯、骨架、肌肉等各个部位的力度表现了出来，并极具动感，很好地刻划了作为野兽的凶猛的本性。不说别的，就那种随意而简洁的构思与创意，我们可以看出，古人的智慧与情趣，对于我们的艺术创作及至生活，有时也正是具有不少值得我们借鉴的地方呢。

商代后期　石虎（长 45mm）河南安阳出土

年代：商–西周
名称：玉虎
规格：85*39*4mm

商代时期·玉象

青白玉质。和阗透闪石。典型的糖沁浸染，呈深褐色玉变现象。其中一侧尤甚，除背脊处凸显大块青白玉本色外，余皆沁变。另侧则反之，大部“开窗”露底，仅边缘及鼻尖处可见同色糖沁。玉象呈站立状，鼻上扬，鼻尖内卷，口微张，神态平和而安详。耳碾磨成洼，内琢“山”字纹，身刻卷云纹，纹饰华丽。可以看出，如此玉器作品，应该是殷商时期玉匠精心构思和雕琢的精品之一。它选用的是整块和阗青白玉材质，依照象的丰硕浑圆的体态特点，随形施艺，惟妙惟肖地创造了一个动中有静、静中有动的肖生类玉器杰作。玉象的出现，让我们想象到三千多年前的中原大地，应该是一个气候暖和、雨水充沛的亚热带环境，非常适宜于物种生存。因此，以农耕和狩猎为生的商人，其时还生活在一种虽未经完全开化但到处都是生机勃勃的绿色世界之中。在商代都城的王陵区考古中，不止一次发现当时人们用大象或幼象作祭牲的祭祀坑。在古书《吕氏春秋·古乐篇》中也有“殷人服象”的记载。甲骨文里有许多猎象的记载，可以看到商人征服自然的力量。由是类似象这种庞然大物，商人从捕获到用于驯养以作耕作、运输或作战之用，也是顺理成章的事情。尔后，象又进入了人们的艺术创作视野，成为进行艺术创作的重要主题，于是，不单是出现了许多精致的象牙雕刻艺术品，而且在商代青铜器和玉器纹饰中也多有象纹出现。而直接以象为形象雕塑成玉器作品，在考古发掘中同样有发现。

年代：商代
名称：玉象
规格：83*42*28mm

商代时期·玉龙

在这件玉器身上，我们看到了中国文字的起源，原来是从图画开始的。在文字演变史上，象形字被认为是汉字最早的发端。尽管对汉字的源始在考古界仍有分歧，但学界确证的中国最早的古文字是商代中晚期的殷墟甲骨文，这是可信的。这件玉龙，玉性较软，可能属于蛇纹石类，因此外力浸染后几近质变，因而呈现出一种钙化的色泽。但细观它的造型，则能看出在商代甲骨文及至西周金文中的“龙”字，盖源于这种象形。玉龙呈回首状，张口，吐舌，咧齿；蘑菇状角，凸起于后脑勺；平行四边形目，中间随意画一横线；尾下卷，爪前伸；全身遍布菱纹以表现华丽的龙鲮……这样的刻划，显然是为显示它的勇猛，而非凶残。因此品鉴它的意义，不但是让我们读懂了一个象形文字，也让我们在这件玉龙的形态上，看到了后世玉器中龙形的演变和创新，虽千姿百态层出不穷，但真可谓“万变不离其宗”，总也脱不了此神此态的干系。

商代彩绘及青铜器龙纹

年代：商代
名称：玉龙
规格：78*42*12mm

商代时期·玉龙

金文龙字

和阗青玉质地，圆雕件，器型厚重，但受沁特别严重，说明这件玉龙的藏身境况也许不大优越，以致出现五彩斑斓的色泽。玉龙有双角，呈蘑菇状。全身以双勾线饰满云纹。颈部饰一雷纹，也叫重环纹，据说也是为了表示威猛之意。从比例看，头、身、尾各占了三分之一，那是商人对肖生类玉器的普遍创意，为的还是突出五官。嘴部对穿一孔，可作挂系。尾部亦如此。但奇怪的是尾巴呈三角状卷曲，这样的做法使全器显得稳健协调。龙的玉器题材在商代出现很多，是人们图腾崇拜的一个主要方面。但在表现形态上，或圆雕，或片状；或团身，或屈体；或满工，或光素；星形齿，云雷纹；背多见出脊，尾常呈弯钩……千姿百态，不一而足。以这种抽象的肖生玉器大量作为题材，也是先人对未知世界中一种神奇力量的追求。而在玉器史上，这也几乎成了一个永恒的主题。试问，从新石器时期一直到现代，唯一能作为一种长存不衰的题材引用于玉器雕塑的，除了龙这种动物之外，还有什么可以与之相提并论的呢？

年代：商代
名称：玉龙
规格：88*28*20mm

商代时期·玉龙形佩

白玉，质地优良。光泽柔顺。背部呈现一路白化沁迹。这种形制，比较多的出现于商代，应该是脱胎于红山文化时期。虽然与红山文化那些典型的被叫做为“玉猪龙”的玉佩相比，它少了点厚实而多了点俊美，但在内质上所透露出来的那种神圣肃穆，与前者并无二致。可以看出古代玉器，在时代或地域上确实存在着传承或相互交融的情况。这种传承或交融，其实并不仅限于玉器，而是一种华夏文化的继承与发展。此玉龙蘑菇形单角，臣字目，双线长眉；以孔为口，头尾相交，呈椭圆形环状，似佩似玦。龙身满饰云纹，以阴线刻划，线条刚直中不失流畅。与前期红山“玉猪龙”相比，猪的形态消失了，而龙的形象凸显了；素朴的特质削弱了，而华丽的成分加强了，等等。诸如这些特点，都体现了这件玉佩无论在内容还是形式上，虽借鉴于红山，却形成了殷商时期自身显明的审美立场和艺术特色——这便是玉器的时代烙印。

年代：商代
名称：玉龙形佩
规格：45*26*6mm

商代时期·绿松石熊佩

商代后期
大理石雕鸟嘴兽头人身怪兽
河南安阳出土

我们现在在贬低他人形象的时候，喜欢把被贬低者说成是“熊样”。“熊样”是什么样子的呢？是不是就是这个样子：笨重的、憨厚的、呆乎乎的。但在三千多年前，商人眼中的熊却不是现代人眼中的那种角色。对于人类而言，它是一种有着魁梧身躯和无穷力量的共生伙伴。因此，它与那些以壮硕和凶猛著称的虎、象等同被列为受人崇拜的对象之一。能捕获并拥有它，这是一种勇敢的象征。能够驯化它并使它心甘诚服地为人类服务，那是一种智慧的象征。这也许便是商代以熊为题材而较多出现的一个原因吧？总之，那个时候的生态环境，才真正可以称得上为“原生态”。人与飞禽百兽之间，处在一种既互相依存又互相冲突的境遇中。但最终是人征服了百兽，于是人可以将其征服的对象供奉起来，欣赏和玩味，以显示并炫耀自身的威严。但不管怎样，那些对人类既有威胁也有帮助的禽兽，既然有可能被当时的玉工刻划得如此的惟妙惟肖，一定是得益于司空见惯的观察。那么，从中，我们是否同时也看到了三千多年前自然界的那种万物兴旺的繁荣呢？

年代：商代
名称：绿松石熊佩
规格：54*30*18mm

商代时期·玉环形兔

商代后期　玉兔（长 102mm）河南安阳出土

白玉。片状。大部浸染成深褐色沁，间有开窗见地玉质。双面以双阳起阳琢工。在商代晚期到西周早期，以兔为题材的玉器经常可以看到，说明这个时期在先民畜养的动物中，对兔子这一物种有着非同寻常的好感或好奇心。其中有动态的也有静态的，造型也尤其的多姿多彩。用"动如脱兔"来形容动态兔子的刻划也可谓是恰如其分。而静态的呢，则"静如处子"、憨厚可爱。这同样是艺术创作中张弛有节的表现手法。环形兔，在晚商玉器中习见，表现的是一种静态的情状。兔两足交叉、拱背屈体成一团，极其正确地体现了该种动物的圆润和柔顺，一方面尽显兔的天真驯服，同时也创造性地完成了一件精巧佩饰的构思和制作。这种来源于对事物的细致观察而又在造型艺术上出奇制胜的创新精神，即便在今天，对于雕塑、绘画、文学等各种门类的艺术创作，依然有着十分有益的借鉴意义。

年代：商代
名称：玉环形兔
规格：54*41*3mm

商代时期·玉牛

这件玉牛是圆雕器，满工。质变严重。部分玉质被沁染成灰白和深褐色状，背部尤甚，接近于钙化的样子。牛呈蜷缩卧伏状，双目前视，一副敦厚憨然的模样。这符合它的情状，也符合主人的审美要求。腹背对穿一通天孔，孔壁打磨光滑，似用于垂吊，相信是商人在祭祀祖先时的摆设或供品。如前所述，在所有的牺牲中，牛是最好的选择对象。这种礼节可以追溯到更远。文献中记载舜外出巡视回来后到尧的太祖庙祭祀，就用一头公牛作祭品。“归，格于艺祖，用特。”（《尚书·尧典》）。“特”，便是公牛。可见在那个时候，它所承担的分量不轻。据载，作为祭牲，牛多用于重要的祭典，为大牲。到周代，又设养牛的官职，为“牛人”。《周礼·地官·牛人》曰：“牛人掌养国之公牛以待国之政令。凡祭祀，共其享牛、求牛，以授职人而刍之。”说明牛牲的地位非常之重要。此牛经过精心“打扮”，因此从头到足纹饰雕琢得细致而华丽。所幸的是它所曾经承担过的历史任务早已结束，于是出现在今天，便成为了一件既见证了历史又可供我们以今人的目光尽情品赏的艺术佳品。

商代晚期　玉牛　河南安阳出土

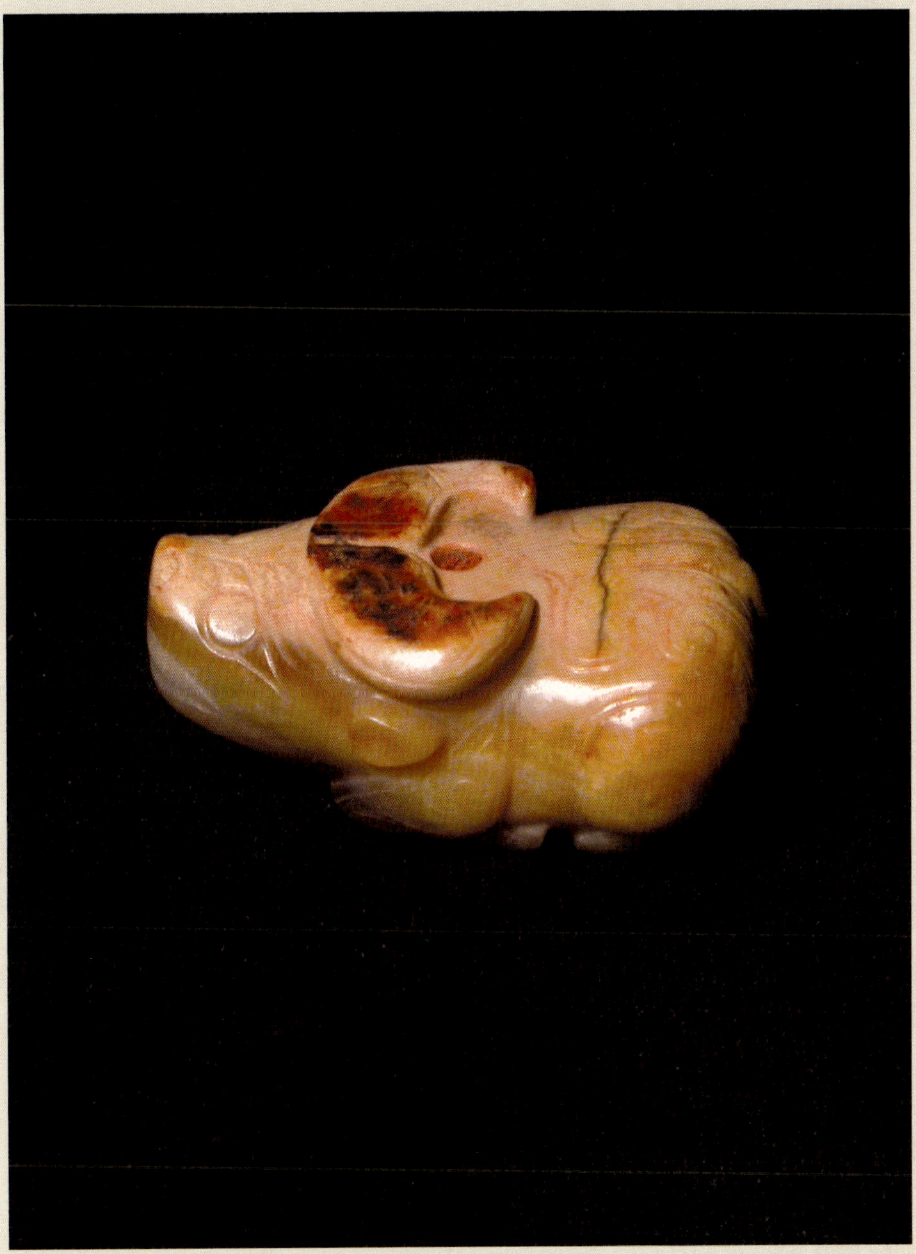

年代：商代
名称：玉牛
规格：62*46*31mm

商代时期·玉兽纹管形器

良渚文化　神象纹玉琮
摘自上海市文物管理委员会编《鉴余留珍》

玉质呈青绿色。一侧有比较严重的白色土沁。立体管状，上宽下窄呈漏斗形，内外壁都做过精细打磨。这是一件从器型到纹饰都非常别致的作品。器型很令人犯疑，首先会联想到一种叫“韘”的玉器，也即最古老的扳指。但似乎又并不十分像。所以称它为“玉兽纹管形器”，是因为参照了《海外遗珍》（玉器卷）中一件类似形制“虎首纹管形器”的称法。在纹饰上，则与虎首有异，相反与牛首比较相像。但奇怪的是，从兽面下方雕琢出来的腿爪来看，又显然不具备牛的特点。这样，沿用青铜器中兽面纹的称谓，大约未尝不可。而且，确实，商代铜、玉器中兽面纹的广泛使用，并且常常以变形的形式出现，是长期以来形成的一种独特的文化。这件玉器，不单是工艺精湛，器型奇特，内涵丰富，若论玉质，也是一流的。每每左端右详，不能不说是一件赏心悦目的事情。

年代：商代
名称：玉兽纹管形器
规格：35*30mm

商代时期·玉牛

又是一头玉牛！

牛的题材，大量出现在商周时期的玉器中。就器型而言，有片状也有圆雕；有牛首也有整牛。敦厚、老实、忠诚、勤劳，这些品质，对于一个以农耕狩猎为主的民族，自然是珍爱有加。以牛为佩饰，是希望牛的那些精神和品质能成为人类的榜样。在殷商祭祀的记载和一些祭坑中，有大量以牛作牺牲或陪葬的记载，对于其时的那种习俗，我们并不能简单地以“残酷”二字来一言以蔽之。记得参观殷墟博物馆时，讲解员告诉我们其时能与哪个帝王入土而安一道殉葬，被认为是一件无上荣光的事。因此以牛作牺牲，是牛的“光荣”。有许多现在看来是不可思议的事情，在特定的背景下是可以理解的。这件玉牛为圆雕件，似为陈设用玉。牛呈立姿，侧颈，垂首，身略后倾，姿态写实而逼真，神情极其憨厚。玉牛的材质，应为地方杂玉，淡褐色，性软，易沁变，这在周朝之前时有所见。三代的用玉，因时代局限，其取材沿袭了文化期的习惯，大致以就地发掘居多，因此材质纷繁芜杂，几无定律。这就告诉我们，如果你喜欢古玉，而只是从工艺层面上喜欢它们的直观美和装饰性，那么在三代以前的玉器领域里，你就要止步。因为这也许就是你的误区。仅为把玩计，还是以明清之后的白玉为宜。而高古玉则是本耐读的书，需要你用心去看的。

年代:商代
名称:玉牛
规格:76*12*8mm

商代时期·玉猪

作为“六牲”之一，猪在其时祭典的场合中，也时有表现。只是较之于它的同伴“牛”，级别似乎稍稍低了一点。《公羊传·庄公二十三年》何休注：“天子用三牲，诸侯用羊豕。”便可以看出。说明等级制的存在，最严重时曾延伸到动物世界。不过，猪后来作为财富的象征，这样的殊荣也只有它能独享，那么，作为玉器佩饰，自然取决于它的不俗的身世。图中玉猪青碧色，透闪石材质，质佳，玉色很好。片状。臀部受沁而略呈灰白，微有绺裂。古玉的绺裂，在鉴识中是个不可忽视的细节。那是一种天然的裂痕，与人为的敲击不同。如果做旧，仅仅是因为追求绺裂的效果而人为敲击，周边没有其他相应的古旧痕迹做比照，我想无论如何是达不到一种浑然天成的效果的。因此，如果一件古玉，器型是典型的，工艺有时代特色，加上沁痕或玉变的对应表征，那么能寻找到自然的绺裂也不失为一种判断的办法。需要警惕的只是，有些唯利是图者可能会利用本身就有天然绺裂特征的玉材，乔装改扮成一件古器，以掩人耳目，这样的事也很容易会遇到。那么，我说，我们的思辨方法就是，千万不能一叶以障目。辨证和严谨的考证，在古玉鉴别中同样是可取的态度。

年代：商代
名称：玉猪
规格：46*25*4.5mm

商代时期·玉狗

我曾经说过，要看上古时候的动物世界，就去欣赏殷商时代的肖生类玉器。较之于前代玉器的诡谲神秘而言，我们看到，殷商抽象性的肖生类玉器比例大大地缩小了（是“缩小”而非“消失”），而具象类的玉器则大量增加，表明农耕狩猎式生产方式已经发展到了一个空前兴旺的地步。在具象类的动物玉器雕塑中，被表现得最多的除了以凶猛著称的虎之外，其他如敦厚的牛、驯服的象、温良的鹿、笨重的熊、匍伏的蝾螈、飞翔的禽鸟，等等，玉工善于抓住一些细节性的特征，一个个被刻划得形神毕现。在这类动物中，玉狗的形象出现得较少，这是不是因为它们过于骄横灵活而难于驯养？图中的玉狗，并不显出凶残的面目，显然已被驯服了。回首，呈蹲立状，有一种警觉的神情。这种造型，也便成了不少动物情态的处理方法，说明在这个弱肉强食的动物世界中，每一个物种都生存在一个危机四伏的环境之中，因此警惕与自卫便成了一种本能。而这种本能，通过艺术的提炼，上升为一种美学的意义，让我们从艺术家对动物情态的处理上，从一个侧面领略一个特定时代的自然景观、生存处境和社会面貌。玉狗为淡黄色玉，玉表光泽绵软柔和；双面琢工；有少许黄、白、褐沁和绺裂，沧桑中显得平和而可爱。

年代：商代
名称：玉狗
规格：64*42*4mm

商代时期·玉伏兽

这件伏兽为和阗青玉。半圆雕。正面背部呈拱圆形，有大面积深褐色沁斑，饰有五官及肢体。唇部微微上翘。尾卷。腹部平直，微沁。端详它的造型，也让人颇费神思。曾经认为它是一件伏虎，但在细节上又似乎存在不少无法理喻的特征。相信它不会是杜撰的。分析过殷商肖生类动物的题材，大凡飞禽走兽、鱼虫百怪，无不入题，甚至一些形制怪异的、或以众人的目光看根本不登大雅之堂的动物类题材（如蜘蛛、蚱蜢、蜥蜴等），也都进入了玉器雕琢这一艺术殿堂。这也让我认为那个时期大千世界中曾经有过的繁荣，在玉器作品中是体现得怎样的充分。那志良的《古玉图释》一书中，就有不少远古年代见所未见的玉器造型。这样，称其为玉伏兽或怪兽，只能承认是自身知识的狭隘。但话说回来，将此玉器放在这样一个特定的时代背景中考证和观察，也许有着更为合理和客观的解释。

商代后期　玉龙（长94mm）　河南安阳出土

年代：商代
名称：玉伏兽
规格：93*23*10mm

商代时期·玉枭

关于这件玉枭，我想谈一点有关古玉的沁色与皮张的看法。这两种色泽，常常是困惑收藏爱好者的一大疑题。面对一件玉表斑斓的古玉，如何分清玉器成型前的玉材原色、玉璞本色和成型后的玉器沁色，在某些情况下有时确实很难找到明显的界限。我们知道，在商代，俏色玉器就已经开始出现了。这就是说，对于商代以后的玉器，利用皮张的自然色泽来构思作品已经成为了一种可能，虽然这样的情况并不多见。那么，怎样认识那些介于类皮沁色与皮张本色之间的玉色表现？便很会为难我们辨识的眼光。我的思考是，对于一件有千年以上历史的高古玉器，二者的可能都应该考虑在内。也说是说，这样的色泽，它可能是原生的皮色（大致都出于构思需要），也可能是次生的沁色。前者极其少见。对于后者，我的观点是，基于玉璞本色或曰皮张实则都是经久的外部矿物质氧化、风化和侵蚀的形成机理，那么，一件经久入土又重见天日后的古玉，它在藏身环境中所经受的氧化、风化和侵蚀过程，促使它在玉表形成的色泽，只要藏身环境相似，其道理应该是一样的。也就是假设同一件玉器，不管你放在 A 地或者 B 地，只要有类似的地理、水土、矿物质结构包围并且成年累月地给以侵蚀浸染，那么，百、千年甚至更长的岁月之后，它所呈现的被氧化浸染后的玉表的色泽，应该是兼具了两者的特点，即虽然通常被称作为沁色，却与皮张形成的原理不无一致。当然，具体到某件古玉的辨识，应该还有更多的细节特征，不再赘述。

年代：商代
名称：玉枭
规格：29*28*24mm

商代时期·玉枭

这件玉枭，相信它在刚完成的时候是件很白很莹润的作品。岁月的侵蚀，使它变成如今所见的有如奶油般的色泽。这也是一种质变现象，只是因为玉材的硬度高并且处于一种温和的环境中，因此尽管包浆醇厚而基本保持了透闪石的本质。腹部的绺裂及沿绺裂边缘自然侵入的白色沁状，可能是地温与压力合力所为。勾喙。头部出脊如角。阴线满饰云纹。圆柱形呈蹲立的姿态。孔是从底部通天向上穿凿，孔沿处被打磨得细致而光滑。枭，又叫鸱鸮，俗称猫头鹰，其造型在红山文化时期似曾一度流行。沉寂了一段时期以后，在商代，它复又兴盛起来。1976 年，殷墟妇好墓出土的玉鸮器就有 6 件，并有青铜鸮尊多件。这一现象表明，商人有一种以鸱鸮为辟邪物的俗信意识。但奇怪的是，至西周之后，它渐渐就成了"不祥之鸟"，从而慢慢地从人们的视野中消失。这在《诗经》的《陈风·墓门》、《豳风·鸱鸮》、《大雅·瞻卬》等等篇什中，都有表现。一件古玉，凝结了一段历史的缩影，这在某种角度上讲，确实是这样。而一件玉枭，则成了一个时代思想意识演化与嬗变的象征，从这个意义讲，它对于今人，更具品鉴价值。

商代后期　禽形青铜卣
（高 197mm）山西石楼出土

年代：商代
名称：玉枭
规格：33*20mm

商代时期·玉凤鸟

上博藏商晚-西周早　青铜觥凤纹拓片

追求“神奇”，也是商代玉器的风格之一。看看这件玉鸟：青绿色。片状。玉质晶莹剔透。头及尾部有红褐色沁斑，沁色过渡自然。这是一只被雕琢得非常美丽的玉鸟。器型应为雉，也即山中的野鸡，又可能是后来被广泛引用的凤鸟的雏形。从构思和工艺看，玉工在这件玉器的雕琢时一定倾注着一种美好的情感，因此才有这种几乎是尽善尽美的造型。运用阴刻和双勾手法，凤鸟的身体被修饰得繁缛而华丽。勾喙，喙部有“《《”样纹；头部出脊；三刀爪，爪部有榫；线条稠密处稠密、流畅处流畅、简洁处简洁，凡此种种，都显示出它的使用功能的不俗。它凝结了作为一个雕塑艺术家对于自身所处时代美的追求和理解。对于一件古代玉器，如果要知道什么是传神和精致，那么就去欣赏这件凤鸟吧，它一定会给你带来许多有益的启示。

年代：商代
名称：玉凤鸟
规格：70*40*5mm

商代时期·玉鸟

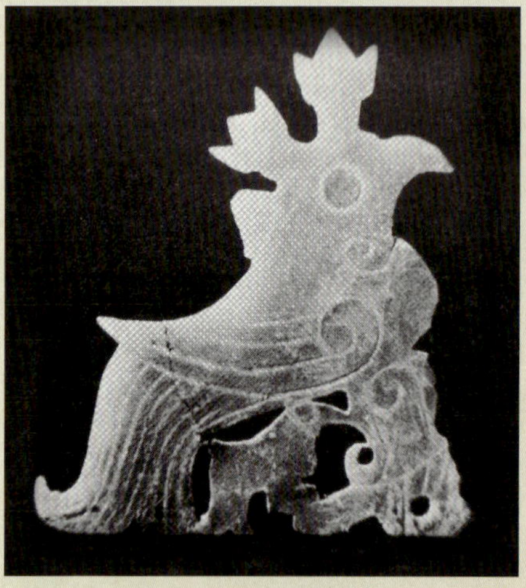

商代后期　玉雕大鸟和小鸟（高 51mm）
现藏美国

白玉片状鸟佩。和阗玉质。呈合翼云中飘浮状。背及腹部琢纹，阴刻翅翼，周边减地圆形鸟目。腹部有二条双阴起阳纹线，以勾勒轮廓。颈部有一对钻牛鼻孔，作系挂用。鸟小巧、生动。可爱的是其造型，修长柔美。如果一定要考证其类别，那么也许更符合百灵、黄莺之类的观赏型玉鸟。我喜欢欣赏殷商时期各式各样的玉鸟，看它们或自由飞翔或伫立枝头与人相视对望的模样，感到大自然的造化在很久以来就如何的感染了人们对和谐、对自由和对美的向往。东夷族先民及商人祖先对于禽鸟的特殊偏爱，虽然可能缘于一种神话般的传说，但是各式飞鸟渐渐成为了他们顶礼膜拜的对象并奉为图腾的事实，其中一定既蕴含了宗教精神也包含了理想追求和生活情趣的多重意义。这就是我们在鉴赏这样的玉器时，需要进入到特定的历史文化背景中去认识和理解的基点。这件玉鸟，只是其中的图腾体现之一。因此在我们观赏更多的玉鸟时，别忘了一定要进入到这样的文化背景中去。

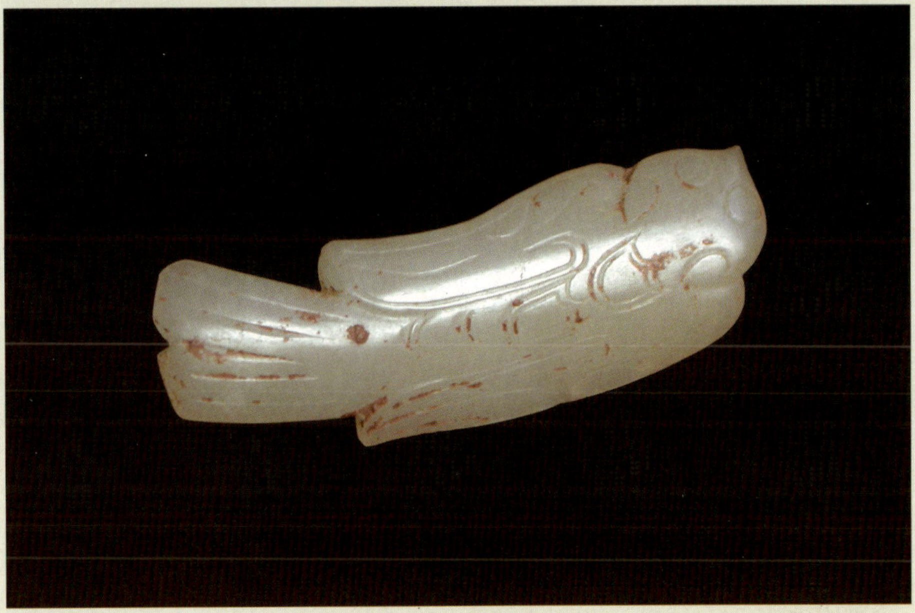

年代：商代
名称：玉鸟
规格：54*38*4mm

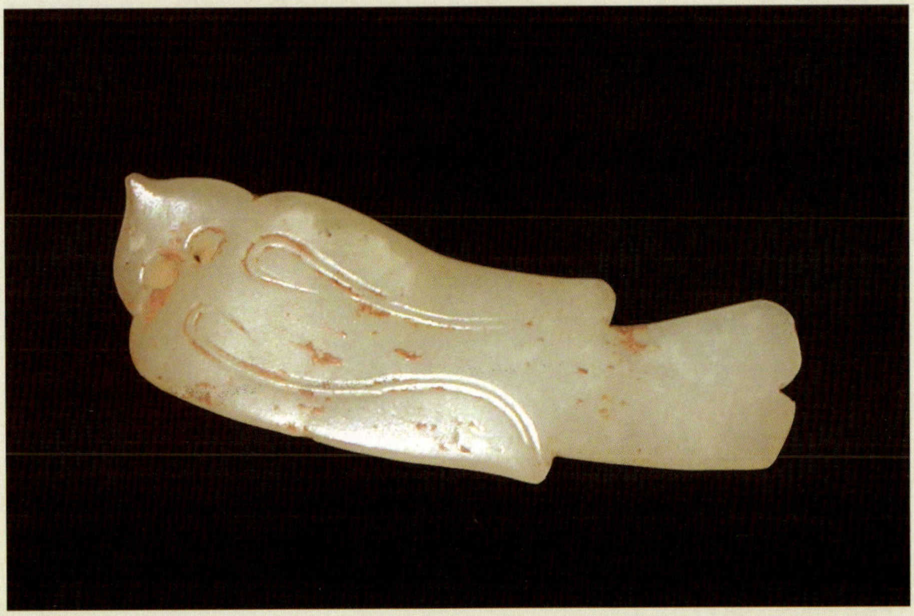

商代时期·玉鸟

玉枭原图

透闪石青玉。双面同纹。从这件玉鸟身上，我们可以对商代玉器雕琢技术的进步略见一斑。首先是开片，最薄处仅为 1mm 的器型，不具备精湛的切割手艺是不能成功的。除了厚薄稍有不均之外，底子平直光滑，基本未留显明痕迹。这样开片技术，简直令人无法想象。其次是它的边缘镂空技法，是一种非常典型的殷商工艺：镂空部位通常都于边缘，目的是为了能更真实生动地凸现器物的造型。揣测它的制作工序，应该是首先构思开片成形，然后用砣具从边缘切入根据需要将剔除的部分予以切割，再沿切割边缘视镂空需要进行打孔定位，最后，用三角棱的条状工具将砣切及圆孔处拉锯成空。由于这种特殊的镂空处理，因此在造型上往往显示出一种我们常说的“剪影”的效果。商代玉器题材丰富，典型的标准器很难界定，而若说典型的工艺手法，这便是一个范例。

玉枭镂空示意图

年代：商代
名称：玉鸟
规格：85*36*2mm

商代时期·玉鸟

商代晚期　玉鸟　摘自网络资料

青玉。片状。器身布满大片土色灰皮。这样的玉鸟，器型与纹饰都具有商代玉器的典型特征。要说更典型的地方，那就是它以简洁表现神韵的艺术特征。看不出这件玉器有多少繁复的工艺。能找到的是寥寥几刀阴刻，便在那片长方形的玉片上分别出了鸟的翼、颈，及双目。头部凸出一点为喙，底部斜切一刀为尾。在用刀上没有比这再简约的了。但这并不妨碍它成为殷商标准器的特点之一。在商代晚期，玉器雕琢确实出现过一个百花齐放、生机勃勃的情况，这在我们领略那些多姿多彩、风韵各异的禽鸟玉器时，可以窥见一斑。

年代：商代
名称：玉鸟
规格：40*18*2mm

商代时期·玉鸟

商代晚期　玉子母鸟佩　现藏上海博物馆

玉质青绿色。从形态看，全器受到严重的温湿沁染，因此边缘及下部出现了明显白色水沁。此鸟雕得野性而富于灵动。勾喙，长冠，尾部斜垂，腿后缩呈跃动腾飞状。从凹凸不平的身躯看，这也是一件随形施艺的玉器。其中一侧鸟体微拱，一侧下陷，是原料的天然所致。其实，一件玉器是否具备其所处时代的风格特点，那要从方方面面去观察审视。以这件玉鸟为例，玉工在造型雕琢时，在哪些地方下刀，在哪些地方切割，又在哪些地方施饰纹；哪里该简，哪里该繁；哪里该粗，哪里该细；哪里该挺，哪里该收；等等，都是能体现成竹在胸、烂熟于心的技艺。活灵活现并经久耐看，这是一件成功之作带给你的感觉。急功近利地想模仿一件以获利为目的的古代玉器，一定会破绽百出、无法经受得了经久的审察和考验。不信的话可以走走市场，挑一件赝品玉鸟放在手心里仔细端详，最终会发现手里玉鸟是“死”的。当然，这感知不会人人都有，那得取决于你的悟性。

年代:商代
名称:玉鸟
规格:45*24*10mm

商代时期·玉燕

这件灰白色并杂有墨色沁点的环形玉燕，可以认为是《诗经·商颂·玄鸟》中的主角。那首被传唱了三千多年的歌颂成汤立国武丁中兴的诗歌，今天读来依然是那样的脍炙人口。而“天命玄鸟，降而生商”的传说，则是成为了一个部族图腾起源的绝唱。商人崇鸟，是为史实。因此如果细加留心观察，在商代晚期的玉器艺术中，以各种神态不一的鸟为素材的作品俯拾皆是，并且如果你愿意做些排列和归纳的话，那么会大有一种置身于林中仰望百鸟鸣舞的景况。而在各种禽鸟之中，有两种鸟类是最受商人青睐的，那便是鸱鸮和玄鸟。鸱鸮在青铜或玉器中往往以吉祥题材出现，自不必说。而玄鸟，为燕子，更是作为商人祖先的神灵，出现在贵族生活的玉器佩饰中，被顶礼膜拜。这样来看这件玉燕的造型构思和工艺水平，就不难理解为什么当时的玉工会如此殚精竭虑地表现如此的一种题材了。从这件作品看，玉燕为圆环形，谅必来自于剪刀形尾的启示——这是殷商玉器作品中惯常运用的一种手法，即借助于塑造对象中最具特征性的一点，扩大其比例，以夸张的手法予以表现。有如眼睛之于整个面部的比例、人首之于整个人体中的比例，等等。显然，这件玉燕的尾巴同样被夸张了，但是夸张是那样的得体自然和恰如其分。玉燕压地碾琢圆形双目；卷云纹及双阴挤阳线表现翅翼；尾部修长，中部琢一阴线。就是这样，那些看似平凡实则精绝的神来之刀，却是倾注着玉工十倍的虔诚和百倍的精心。

年代：商代
名称：玉燕
规格：64*58*3.5mm

商代时期·玉鸟

金文中的鲁字

这是一件生动形象的微型玉雕作品。玉鸟长不足30毫米、厚不足5毫米，其大小相当于一根拉长了的豆芽，却将一只立地灵敏、昂首极目瞭望的小鸟形神毕现地表达了出来，堪称精绝。玉鸟双眼以压地浅浮雕碾琢而成，尖喙锐利，敛翅鼓腹，尾平直修长，尖端成刃，似刻刀，可视为其时贵族纨绔子弟随身装饰佩带之工具。便是这样的一件古代玉器，我们断不能认为是“雕虫小技”。若于当时的工艺技法水平，成功制作诸如此类的微型雕塑玉器，其所耗时日及技术难度，相信绝不亚于重器大件。而且，要在这区区方寸之间，从构思到剪裁到雕琢刻划到打磨成器，非等闲之辈所能作为——没有一定的对时代精神的理解力、没有相当的审美内涵、没有驾轻就熟的工艺素养，是无法完成这样的一件佳作的。我们常说“麻雀虽小五脏俱全”，此小小玉鸟虽不能断为麻雀，但它在形神工艺等方面所留下的遗韵，则为我们审视殷商玉器文化的“五脏”，提供了一个很好的观照角度。

年代：商代
名称：玉鸟
规格：26*10*4mm

商代时期·玉鸟

白玉质，片状。从形态看，全器受到严重的次生物沁染，因此颈、尾边缘出现了明显鸡骨白沁痕，间以褐色沁斑。此鸟雕得机灵而可爱。爪前伸，尾下垂，尖喙夸张地平行于腹部，呈回首张望状。这是一种飞翔跃动后静息的姿态。这种姿态，平静中带有一点悠闲，也可看作是殷商社会生活的间接写照。所以这样说，是因为我相信任一时代艺术家艺术构思的灵感，不能不受到这一时代特定的社会生活风貌所触动。事实也正是如此。商汤灭夏以后，吸取前车之鉴，采用了“宽以治民”的政策，经过一代又一代帝王的奋发，使综合国力不断有所增强。这就有了《诗经》中所载“昔有成汤，自彼氐羌，莫敢不来享，莫敢不来王”的强势局面，至武丁时期，商王朝“可以说在世界历史中是个文化、经济都很发达的大国。”即使在商代的最后一个帝王商纣王登位时，“全国仍是处于继续发展时期……”（孟世凯:《商史与商代文明》，P122）可以看出，这个以青铜文化名闻天下的朝代，也确实有过太平盛世的年代，虽不能说是“莺歌燕舞”，也起码认为有过曾经的繁荣或辉煌。那么，在一切同时代的艺术作品里，我们是可以找到这样的影子的。我看此件玉鸟那种恬静闲适的姿态，猜想在一个颠沛动荡的岁月里，玉工大约是无心雕琢的。

年代：商代
名称：玉鸟
规格：45*28*4mm

商代时期·玉管

这样的玉管，是成对的出现，可能用于某种装饰。玉色淡黄，玉质温和莹润。玉管的一端，被完全掏空，而另一端，则在平面上只钻有一小孔。玉管的内壁打磨光整，厚薄均匀，足见商代晚期玉器雕琢工艺上的进步，令今人折服。玉管的外层一周，以阴线饰兽面纹，臣字目，菱形鼻孔，介字形额纹，线条与构图处理干净而利落。我们看到这样的一种纹饰，大量出现在商代的铜器或玉器上，一方面固然是社会宗教意识的反映，但另一方面，也更是那个时代特有的审美情趣的折射。它体现的是一种庄严、肃穆、虔诚和安详的情状，不只是为了震慑别人，更多的也不排除可能起到自律自制的作用。可以想象玉工在刻划此种画面的时候，是带着一种如何的心情去全神贯注地夜以继日精雕细琢的，若不是如此，则断不会出现这样的一种效果和境界。不信，你可以临摹，可以翻版，你可以试试，你用一种不是处于那个时代的真情实感去模仿，能起到这样的一种效果么？

商代　玉璜　河南安阳殷墟出土

年代：商代
名称：玉管
规格：52*12mm

商代时期·玉兽面牌饰

算我孤陋寡闻，我至今也没有体察出这件玉器的用途。但是这并不妨碍它所给我带来的兴致。我只能认为是一种牌状的玉饰。一端有孔，无疑可供系佩。黄绿色的玉材，色醇光柔。规规正正的长方形器型上，工艺非常精致。纤细密集的毫发以及抽象变形的兽面纹，给人一种神奇迤逦的感受。四边两个直角，其中一个直角的两条边线呈斜面刃状，这又似乎说明这个牌饰的功能并不仅仅为了佩戴，一定还包含着其他的用处。此器型，我见过有几个，大同小异，只是质量与工艺有些稍稍的不同。说明在商代的一些地方，曾经因为什么原因流行过这样的玉器。在考古学家眼里，可能这是一个十分简单的问题，很容易就会找到答案。而于我，知识的贫乏不能不在需要的时候感到汗颜。但好在，我喜欢的是有年代标识的玉器，而在这样的玉器之外，我确实需要不懈努力地学习。这样想来，汗颜也是一种鞭策。不管如何，愿意学习，就不是一件汗颜的事情。也许明天，一觉醒来，我就会知道这件牌饰的用途了。

年代：商代
名称：玉兽面牌饰
规格：65*54*4mm

商代时期·玉鱼

鱼这种题材早在新石器时期始就被广泛应用，一直到近代的明清，断断续续没有间断过。而且对于鱼作为题材的理解，早期的观念和近代的观念也有点一脉相承的意思。鱼在水中自由灵动的姿态；鱼的强大的生命繁殖力，此二点可能就是吸引人类关注这种水生动物的因素。至于“鱼”与“余”谐音进而联想到“富足有余”美好理想，可能是玉器进入世俗化社会以后的事情。早先，鱼还只是出现在一些陶或其他一些制品的纹饰中，大量被制作成玉器的，应该是商周时期。在殷墟妇好墓中，就出土过玉鱼 75 件。其他各地的商周墓葬中，玉鱼也是一种常见的出土物。更为引人注意的是，以鱼为题材做成各种奇珍异器的，也每每见之。如鱼形刻刀、鱼形耳勺、鱼形璜佩、有脚玉鱼，等等，千媚百态。商代玉鱼主要特点是制作简练，形体扁薄，成片状。鱼身或直或弯，尺寸不一。鱼眼以圆形大眼为多，在鱼身上有用短直等距离的阴刻线表示背鳍，腹鳍；极少数的鱼身刻有横纵垂直于线的小弧线鳞纹；鱼尾则分向两侧，呈公叉式；吻部向上下两边外撇，形似钉帽。在这组商代玉鱼里，我们都能大致寻找到这样的一些特征。至于玉鱼的功能，我认为是从早先单纯的图腾崇拜，沿袭到商周，便成了佩戴、实用与殓葬兼而有之的实物了。

年代：商代
名称：玉鱼（一组）
规格：22-42mm

商代时期·玉蛹

常常发现商周时期有些质白料佳的和阗美玉，会被雕刻成各种精致小巧的饰件。此一组玉蛹便是。其中一件，体积很小，非常白润，而且基本未受沁染，使人不敢相信它的年代。另一组两件是由两块不同的籽玉随形雕琢而成，却受到严重的侵蚀，因此背、头部出现了大片土黄色的沁斑。腹及背露地处，也出现了部分质变，即由润白而变成了瓷白的色泽。由此可见，同样质地的玉器，在不同的地理位置中，绝对会有不同的变化。只是我们在实际的鉴识过程中，对于一些因质地缜密、受沁条件轻微因而色泽纯白、熟旧如新的古玉，常常会避而远之。实在，这是一种非常错误的偏见。历经数千年的古玉一定会有历史留下的沧桑，但不必把这种沧桑仅仅理解为一种狭隘的形态。它的沧桑的表现形式应该是多种多样的，熟旧如新也是其中之一。当然，我不会认为如蚕蛹这种形态保持得如此之好的古玉非常普遍，但有可能会在收藏生活中出现。因此，思维中的偏见，其危害不单是让我们在认识上发生不该有的误区，更会让我们有可能失去更好的收藏机会。

年代：商代
名称：玉蛹（一组）
规格：20-60mm

商代时期·玉蛙

此件玉蛙，先说质地：纯净，白润而明净——那是一种玉器本身质量的体现。商前的用玉，十分庞杂。而白玉并且透闪石质的，应为珍希之物，一如这件玉蛙。再说风格：材料既为珍希，在雕刻时自然会十倍的用心。因此这件玉蛙虽以扁平形体出现，却更为写实与逼真，在视觉上也更有立体化的感觉。其背部，不是一平如板，而是通过凹凸起伏的雕琢，来突出这种爬行动物的肌肉与质感。效果确实是大不一般。在神态上，尖伸的蛙嘴与鼓起的双眼，以及屈肢欲跃的姿势，则把玉蛙的精神整个儿吊了起来。可以推测，对玉蛙如此传神的雕刻，一定取决于两种要素：一、倾心于这样的物种；二、长期细致的观察而形成的生活积累。由是可见，蛙在古人心目中的地位，当然是非同一般了。

商代　玉蛙　河南安阳出土

年代：商代
名称：玉蛙
规格：43*30*6mm

商代时期·玉螳螂

商代后期　绿松石蝉蛙合体和绿松石鸽
河南安阳出土

我不甚同意商周的艺术成就主要在于青铜艺术的说法，因为我确实在商周玉器艺术中看到了什么是创新、什么是奇特、什么是至美。玉螳螂是昆虫题材中的又一种器型。对于这类器型的刻划，玉工非常懂得艺术创作的规律与奥妙——十分注意细节上的真实——因此常能起到出神入化的效果。玉螳螂为圆柱状，项细长，腹饱满，头目凸出，爪蜷缩而弯曲，非常具立体化。整器纹饰简洁，几乎未有刻意渲染，但螳螂在蛰伏中伺机攻击的习性则被真实生动地表现了出来。白玉质，基本无沁，但头及尾部有轻微绺裂，玉色也因年久而趋近乳白。这类昆虫，它们所以被雕成精美的艺术品，除了商人"万物皆有灵"的观念的影响之外，对于生活情趣的多样化要求，可能也是一种原因吧？既然上帝创造了那么多玲珑精巧的生灵，那么，就让这些生灵来装扮我们的世界吧！因此，我才有理由认为，殷商玉器对华夏玉器艺术的贡献，是万不能小视的！

年代：商代
名称：玉螳螂
规格：91*15*8mm

西周时期·镂空人龙纹玉璧

看好玉有如看好风景，是一件赏心悦目的事情。月白风清，孤灯之下，在夜阑人静时与灵玉对话，乐趣在于可以洗劫一天的浮尘。尤其是品鉴如此精美的镂空人龙合体佩璧，自然更需要足够好的情致。在西周的佩饰类玉器中，这种人龙互为一体的玉佩，其纹饰已经定格为非常典型的模式了：龙呈张口翘舌吐须（舌）状。头顶龙角为横向的“大括号”形。尖尾内卷。椭圆形目。人则为侧身、蒜形鼻夸张性凸伸、话机形大耳。全器以双阴起阳及单阴刻线饰纹，刀工利落，线条流畅……而此件玉作，难得是它的娴熟的镂空技术，曲折有致，变化多端，给人以穿针引线游走自如之感，叹为观止！值得一提的是，虽然历经了二三千年的风霜，这件玉佩在外观上还是保持了非常鲜亮的姿色——玉表几乎没有斑驳陆离的蚀痕蚀迹——以致如果不是综合多方面情态加以考证，大有因玉器表征“旧气”不足而不幸被打成另类的可能。而这恰恰也是不少上佳古玉的常态和遭遇。其实，这类古玉，其暖、冷不一的质变色调已经足已能够说明问题了。如果在表象上一定要探寻其“旧气”，那么，那种润泽、柔和、醇厚、剔透并呈蜡状般的散射的光色，便是表现。这种表现，在我认为同样可以称之为“熟旧”。不过，在大部分情况下，对于初入古玉之门的朋友来说，他更愿意看它最好能多少带有一点伤痕或病态，以便能获得更多的古意信息，或换取更多的喝彩。这不足为怪。虽同是误区，但总比因为看不懂的缘故而希望早点抛掉它为好！

年代：西周
名称：镂空人龙纹玉璧
规格：60*5mm

西周时期·双龙合体纹长方形牌饰

在这个“飞龙在天”的年代，龙被形容成各式各样的神灵的附着物，组合在一些不同的物体身上，显现着神灵。想必这件也是。淡黄色的玉质，是一种非常好的透闪石类材料。斜刀手法的运用，无一点拖泥带水的感觉，已经看出是非常干练熟稔了。谈谈它的沁色：丰富复杂而非常具有典型性。说它有典型性，是表现在多重色彩与浓淡相间的过渡上，可以找到识别是否为真实的依据。那就是，灰、褐、紫、黑等多色沁痕呈七彩斑斓，并由边缘切入，往内渗透，或凝结或晕散，色泽深淡不一。“淡”是因为边缘处沁重几成钙化，“深”是因为随着沁染渗透程度的加强，未呈钙化的地方只留下浓浓的深褐色沁迹，直至一点点地往边缘扩散。而未能沁及的地方，则是本色依然。这样的沁痕，我们认为是可以找到合理的解释的。而前提是，它必须是在有相关矿物质侵蚀的潮湿水土中度过了漫长的岁月。只有这样的玉器，才能从它的外观上，既能发现青春艳丽的一现，同时也发现岁月侵蚀的另一面。但它的内质，符合物质不灭的道理，因此它永远是青春的，渗透着活力。

年代：西周
名称：双龙合体纹长方形牌饰
规格：80*33*3mm

西周时期·玉兽身双人佩

也是借助着神灵的意志，雕琢了这件奇俏的玉器。上佳的白玉质地，让我们有理由相信拥有者的级别一定不低。两端由灰白而黑褐色的沁状，表明了外力侵袭的作用和结果。造型粗看是一件似兽非兽的怪物。但透过华丽的纹饰仔细审察，兽背竟由两个长发漫卷的人首组成，而发型恰恰成了首、尾的造型。腹、背起伏的线条，则是两人缠绵相交的图案。这是一件非常怪异的形制。这种大胆而又奇巧的构思，让我们不由自主地会走进一个千奇百怪鬼神的世界中去。具象的人首和抽象的兽身，可不可以认为在商周的艺术创作中，已经具备浪漫主义与现实主义相结合的萌芽？虽然我们目前还不能诠释其人与兽所代表的物象以及表达的文化内涵，但是它必定象征了一种神灵的化身，或是祖灵崇拜发展到一定程度后的物象升华。在这件玉器身上，我们还无法清晰地解读出许多未解之谜，可它所折射出来的商代社会尚鬼尊神、重祭兴巫的宗教意识和迷信色彩，则在西周早、中时期依然可以找到遗风。

年代：西周
名称：玉兽身双人佩
规格：80*17*4mm

西周时期·玉叉形佩饰

这同样是一件堪称奇特而精致的玉饰。它的奇美处有三:一是质地非常精美。从玉质看是上佳青绿色透闪石类玉材。结构缜密,质量厚重;光色温润,微透明。一侧白色水沁严重,呈片状分布,晕散自然。另侧则无有浸染,油绿如新。二是造型十分奇巧。对此器型,没有可资借鉴的称谓,姑且叫做“玉叉形饰”,是因为上方呈山状,又如一叉,故名。当然,我相信这样的形制在当时肯定有特定的用途,或意义。玉件大小适中,造型规正,是佩是饰?应该都有可能。三是工艺精湛。镂空、出脊、通天钻孔、阴刻,等等,这些典型的商周玉作手法在该饰件上尽显其风光。纹饰是阴刻抽象人形,双面对称,满工,给人以繁华俏丽的效果。至于在断代上,个人感觉就器型而言有殷商的遗风,而就纹饰看西周的特点就更明显了,这样,归于西周之器也未尝不可。但如果用更宽松一点的说法,称其为商代晚期西周早期的遗物,也不能为错。

年代：西周
名称：玉叉形佩饰
规格：58*32*10mm

西周时期·玉鹿

本书所选择的三件玉鹿，以不同的材质、造型、姿势、琢工、沁染形态，分别代表了三种不同的风格。此件玉鹿，为蛇纹石玉质，沁重已质变，呈牙黄或灰白色。玉鹿整体的神韵，给人以稚拙、质朴而惹人怜爱的感觉。这种感觉，主要来源于玉工在构思时对头、腿这两个部分的精心雕琢与刻划——鹿呈卧状，回首，竖耳。嘴微启，眼圆睁。双腿蜷曲匍伏，以二刀上挑为爪，攫地前伸……在一个光洁的身子之外，用工的功夫，几乎全在头、腿之上了。这样，将一头意欲伏卧安身，却又不得不防范身外，于是安静中显得躁动不安的玉鹿的情状，十分真实地表现了出来。如果我们仔细观察，这种重头而轻身尾的动物雕琢手法，确实为商周所惯用。著名的历史学和美术史学家刘敦愿先生就此作过很好的总结：“从商周时期的动物画来看，颇有些近似古生物学家的研究脊椎动物化石：一是重视它头部的形态与构造……一是分析肢体蹄爪的构造……” 因此畜兽类的表现，“都是以头部特征来加以区别，躯干、尾、足寥寥数笔，大同小异，十分公式化了。”（《美术考古与古代文明》P241）其实这些特点，说起来非常简单，看起来也十分平白，但要真正做到工、纹简洁“形神毕备”，则并不是一件容易的事了。

年代：西周
名称：玉鹿
规格：58*60*5mm

西周时期·玉鹿

玉器的价值，其实并不仅仅是体现在器型的大小上。我以为，一件古玉，其时代风格、文化内涵、工艺水准以及美学效果等等，才是它们真实的价值体现。因此，古玉之精品，可以是厚重礼器，也可以是玲珑饰品，就如唐诗宋词一样，既有大江东去，也有小桥流水，同可传世。近阅《张家坡出土西周玉器》，就看到不少的出土精品玉器，虽纤薄小巧，但造型生动，纹饰简洁，线条利索流畅，煞是可爱。连一些残件或改制玉器（见《张家坡出土西周玉器》彩版之 174、354）亦是如此。这一方面反映了西周统治者吸取了商人因穷奢极侈而导致亡国的教训，崇尚节俭，而反映在器物上，则趋于简洁朴素，素面和片状的玉器大量增加，同时也不能不看出西周贵族阶层对于玉器的热爱，依然是分寸必争。这件回首玉鹿为片状，淡黄色玉，质地润泽，边缘明显钙化。欣赏这件玉器，是因为它基本符合了如上所述的四条价值标准。具体到它的美学效果——回首的动物，极能体现其警觉、敏锐和憨态可掬的神态；而刻意夸大了鹿首的比例，也更突出这种神态的程度。在细节上，略显倾斜的身子、微微上翘的短尾、竖立的耳朵、后拱的臀部，以及以二点刻痕来表现蹄部的立体感，以二撇斜刀来表现身体肌肉的质感，等等，这些看似不经意的细节处理，无不体现了玉工在构思、造型、刻划乃至打磨技术上的精湛和高超。艺术无小品。欣赏这样的一件剔透玲珑的西周玉鹿，便是明证。

年代：西周
名称：玉鹿
规格：32*26*1mm

西周时期·玉鹿

在我的概念中，这是一件堪称羊脂级的西周白玉佩饰。无论从质感、密度、纯净度、硬度和莹润度来看，似乎都找不到一点可以挑剔的地方了。当然，如果一定要说有差别的话，那就是在色泽上，稍稍有种乳白的感觉。而这，恰恰就是年代留下的迹象。鹿为片状，回首，角枝繁密，屈颈昂首，目视前方，呈驻足站立状——大约这在当时是一种具有时代标准的审美形象。如果要约略地追溯一下古人对鹿的崇拜的原因，有人认为主要是因为其“有无与伦比的奔跑能力”及“以角为武器的强劲的抵御能力”这两点上。此说不管有无道理，但确实是高度概括了鹿这一动物的特点。而除此之外，我认为鹿的形态的温良与敦厚、形象的可爱与美丽，等等，应该也是一种因素吧？先民艺术家对于美的发现，历来是有不同凡见。在中国西部，与西周同期的卡约文化出土陶器中，我们同样看到了这样的动物纹饰，只是鹿角有写实也有变形的，式样繁多。说明一种文化的融合与渗透，在很早的时候就合理地存在着。对鹿的热爱和崇拜的传统，一直沿用至春秋战国时期，因此在南方的一些楚墓中，我们看到多有木、漆器类的鹿角作为明器而殉葬出土，就是一个很好的说明。

年代：西周
名称：玉鹿
规格：49*40*4mm

西周时期·玉螳螂

虢国博物馆馆藏玉器之龙鸟合体佩

同样为一件以白玉制作的片状螳螂，在风格上，与殷商之螳螂不甚一致。但在艺术品位上，我则以为有异曲同工之美。玉色呈乳白，微透明，有明显的白色水沁斑。这是长期在潮湿水土中的征象。在构思手法上，如果说前一作品表现的是一个跃跃欲试的攻击性形象，那么这件作品表现的则是合而为一的和谐景象，甚至，还有那么一种天性中的母爱精神体现其间。螳螂一大一小上下排列，在结构上密切无间融于一体，并竭力突出了大螳螂健硕的主体形象，显然为的是表现小精灵在母体保护和庇荫下的幸福与安宁。玉佩造型奇特，结构巧妙，镂空切割等刻划手法娴熟，构图及线条活泼而富有节奏感。所有这些，都与玉工深厚的生活积累和扎实的艺术修养有着极为紧密的关系。

年代：西周
名称：玉螳螂
规格：78*24*4mm

西周时期·龙纹璧

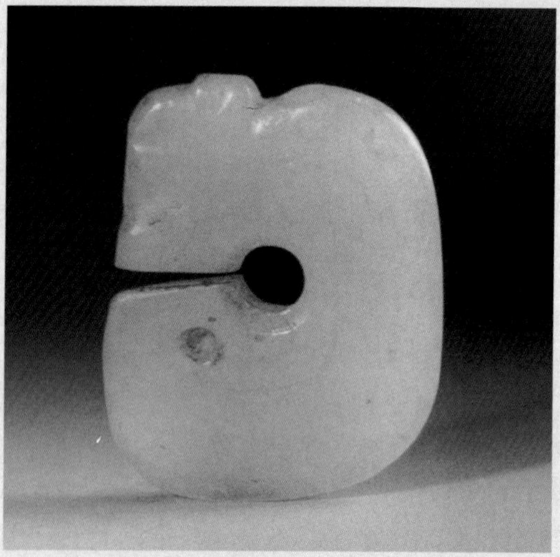

新石器时期　龙形佩
摘自上海市文物管理委员会编《鉴余留珍》

青玉，是一位西北的朋友所藏。西周时期，带纹饰的玉璧开始多了起来，形状当然以圆形居多，但也有委角方圆形的，纹饰基本局限于凤鸟纹或龙纹。这些都与西周的信仰与礼制有关。此玉璧的赏点在于沁色——红、白、黑、紫、褐，加上露地之青绿原色，可谓七彩缤纷。古玉的沁色是否丰富，原因较复杂，比如周围地域环境中矿物质含量是否丰富？土壤结构所形成的入侵条件是否强大？玉器本身质地是否松散？以及其所处的位置优劣如何？等等，任一条件的差别都会影响到玉器沁色的变化。但相比而言，久藏于湿度较低的环境中的玉器，其表面形态较之于湿度较高环境中的玉器，会更多姿更有沧桑感。那种看似浮于表面、实则顽强执著，短期内轻易不肯褪去的白色灰皮，更是它们所独有的历史印记。这件双面龙纹玉璧，它的色泽与色彩，便是具备了上述“出生成分”中的大部特点。

年代：西周
名称：龙纹璧
规格：59*6mm

西周时期·龙纹璧

从这一件玉器身上，我认识了干坑的古玉与湿坑的古玉在佩带和盘玩过程的区别。这种区别主要体现在“出灰”的现象上。古玉的出灰现象，也是一个长期以来比较为收藏与研究者重视的问题，有的更是把其当作是判别古玉是否真赝的标准之一。但我想这只是说对了一半的道理。出灰的古玉，它在地下的生存条件大概有二：坑口干燥；土质酸碱成分居多。这样，它在出土的时候大致都是锈蚀斑斑而面目皆非，那种剔透温润的玉感就被深埋在这种玉表以下。但要知道，这只是一种表象，就如真正的金子总会发光一样，真正的闪石类古玉也总会焕发出它的青春亮色。需要的是你的耐心。在你戴着它一起出行、洗浴、入睡的那些过程中，它会日益以它的美丽来打扮着你的风采。但是，这是一个比较漫长的过程。在这个过程中，你应该注意到，在初期，贴身佩戴会有玉感渐渐显露的迹象，而每次沐浴入水后再挂，那么一层白白的灰皮立即又遍布其上。就这样周而复始，假以时日，玉感会越来越明白与莹润，而灰皮则愈来愈消褪淡化，直至脱胎换骨本色嫣然。须知，这个过程，在水坑中出土的玉器是决然没有的。有些（有些！）水坑的玉器，永远是湿漉漉的水灵，让你即便有了足够的眼力，也不敢贸然辨认。

商代　玉龙　河南安阳出土

年代：西周
名称：龙纹璧
规格：39*34*3mm

西周时期·龙纹玉璧

新石器时期　玉决（直径 50MM）
江苏金坛三星村出土

淡黄色玉，质地莹润，光泽温和。玉表平滑，但地子稍有起伏而略欠平整，这正是其时切割与打磨痕迹的表现之一。沁浅，仅边缘见少许红褐沁斑，璧面龙体亦见一撮灰白色水沁蚀点，说明地域环境对于此璧的侵蚀不甚严重。双面同纹，均以双勾线琢团身之双龙首，翘唇、吐舌，出钩臣字目，括号形双爪，线条流利而极有律动感，时代风格极其明显。这样的玉璧，从其质量、大小、厚度、色彩、工艺等多方面元素来看，它改变了早先用于礼天的那种祭祀功能，而成为了能显示主人的君子气度和贵族身份的一件佩饰。但尽管如此，璧这种起始于新石器时期而延伸至明清乃至今日依然长盛不衰的器型，其受人珍爱和喜好的根本原因，还是源于其早先所承载的厚重的敬神意义。它象征着神圣不可侵犯的天意，象征着高贵与庄严，象征着团圆与和谐……一件玉璧，在人们的心目中，它实在包含了太多的内涵。因此，即使“苍璧礼天”的年代已经一去不复返了，但它让我们在那个疾速如风的时空隧道中，领略到了更多的浑厚俊逸的历史风光。

年代：西周
名称：龙纹玉璧
规格：58*4mm

西周时期·龙纹环

雨天在一个普通的茶室里品鉴朋友那环，顿觉在普通的生活中增添了一种奢侈。玉环是青色的，环背呈拱面，内外边缘纤薄如刃。双面同纹，为龙，首尾相交，团身成圆。玉环形制规矩，造型圆润，线条流畅，给人以“柔美”的视觉美感。说到西周的工艺特点，我们不能只局限于斜刀、勾撤一法的理解。斜刀、勾撤，极显刀法之力度，确实是西周工艺的一大特点。但总体而言，在不同时期、不同作业情况下，那种流美委婉的双阴线刻划，也不失为一种惯见的典型技法。就如殷商的许多玉器，从雕琢痕迹看有剔地起阳的，也有双阴挤阳的；有双线浅勾的，也有单线阴刻的；有线条硬朗如折铁的，也有柔和如水涡的……等等各个不同，是由于时代工艺的制约或为达到某种效果而不得不为之的原因，想起来十分合理和正常。这种情况，相信多看博物馆及出土真品必能有所体味。由此联想到，对于古玉的认识，不光是刀工技法，就是料、形、纹、沁等各个方面，都不能拘泥于经验和常理。重要的是要善于钻进那个特定的年代、时期中去琢磨和求索。我们说，辩证法是个好东西，可惜的是多数人在多数情况下都丢弃了……回头再看那环，一边喝茶，杯里普通的茶叶，也立即觉得清香甘甜了许多。

年代：西周
名称：龙纹环
规格：直径约 70mm

西周时期·玉环龙形佩

红山文化　玉双联璧
长 95mm 宽 45mm
现藏辽宁省文物总店

在商周的佩饰玉器中，西周的圆雕玉件虽然没有商代的多，但片状类玉佩却因其生动灵巧精美而受到今人普遍喜爱。在西周，礼制已是非常严格了，因此，玉器从器型到纹饰都渐渐有了比较规范的做法。殷商时期那种生灵万物皆可入题的局面，旋即明显改变。看来就玉器艺术的发展而言，这有进步的方面，也有消极的地方。在一个礼制严密的社会中，人的创造力是很容易受到束缚的。但工艺技术会有进步。这件龙形玉佩，在形制上与前大同小异，是一种风格非常鲜明的西周佩玉。细节上的差别当然不小。玉质为青黄玉，透闪石质。从玉表看色泽莹亮，微有质变，局部可见黑色沁斑。身躯五官，是典型的西周龙体形象。出脊稀疏，也是较殷商有别的地方。从整体看，玉龙屈身盘缠呈环璧形状，构图飘逸，线条委婉，体态大气，不失为一件品位与品质俱佳的上古玉器。

年代：西周
名称：玉环龙形佩
规格：62*52*5mm

西周时期·玉环龙形佩

此玉龙，和阗灰白玉材质，玉里黑沁晕散并有星状芝麻色点，是为古人看好并常用作精巧玉佩的典型材料之一。玉表有雾状白色水沁，及浅淡的黄褐色沁斑，但由于结构紧密，因此无损于美质。龙体团身，头尾相交，相交处切割有一宽线，呈玦状。龙身粗壮、饱满、健硕；上唇上翻，下唇下卷（或说吐舌状）；弯钩形臣字目，身饰阴线盾纹（或说重环纹）；颈、腰及尾部各钻有一孔，供系挂。玉龙凶猛而极有气势，如若细加端详，有种会让叶公们畏之而又让好古者爱之的效应。这便是艺术效应所在。可以说，这应是质量与等级同样不俗的佩饰玉器。龙作为中国传统纹样最古老的母题，应用非常广泛。在不同时期、不同质地的古物上都可以找到龙的踪迹。但在西周，龙与凤是两种使用频率最多、形制与纹饰也最规范的灵物。不少殷商时期普遍应用的现实题材消失了，而剩下这两种带有神圣与抽象色彩的图形被大量入题，说明周人与商人在社会、宗教与审美的观念上发生了迥然不同的差异。因此，玉器从某种角度上说，也是特定时代政治社会生活的缩影。

年代：西周
名称：玉环龙形佩
规格：62*57*5mm

西周时期·玉龙形佩

淡黄色玉。质地温润。在西周的佩饰类玉器中，这种龙形玉佩材质、器型、纹饰、刀法都十分具有时代特点：张口吐舌，尖尾翻卷，椭圆形目，身以双阴起阳及单阴刻线饰纹，刀工利落，线条流畅。龙身外围不规则出脊。头颈处单面钻有一孔，孔端处钻痕明显……是一件刻划得非常精致而生动的玉器作品，难能可贵！西周玉器佩饰，在选材、造型、刻纹、工艺上更注重精美，这取决于这个朝代独特的审美习惯。因此张广文先生认为："商、周之后，佩玉追求的是玉质的温润，造型的巧妙，纹饰的华美及加工技术的高超。"（广西师范大学出版社《古玉鉴识》，P13）此话一语中的。但今人收藏，千年古玉能顾全此四者，而风采依然，实为难也！几乎没有一点沁色——以致如果不是综合多方面情态加以考证，大有因玉器表征"旧气"不足而不幸被打成另类的可能。而这恰恰也是不少上佳古玉的常态和遭遇。其实，这类古玉，如果在表象上一定要探寻其"旧气"，那么，那种润泽、柔和、醇厚、剔透并呈蜡状般的散射的光色，便是表现。这种表现，在我认为同样可以称之为"熟旧"。不过，在大部分情况下，对于初入古玉之门的朋友来说，他更愿意看它最好能多少带有一点伤痕或病态，以便能获得更多的古意信息，或换取更多的喝彩。这不足为怪。虽同是误区，但总比因为看不懂的缘故而希望早点抛掉它为好！

年代：西周
名称：玉龙形佩
规格：42*33*4mm

西周时期·玉觿

那时候读《诗经》，觉得那首嘲谑贵族子弟的《芄兰》一诗很是有趣。“芄兰之支，童子佩觿，虽则佩觿，能不我知。容兮遂兮，垂带悸兮……”意思是说，你有什么了不得呢？只不过金玉其外！还瞧不起我?！显然，诗人对其时那位不学无术的朝中“高干子弟”很不以为然，蔑视有加。非常痛快！这是题外。说到玉觿，在那时则是流行于贵族阶层的佩饰之一。玉觿在新石器时代就已出现，其初始应该是纯粹的工具，用作解结。在渐渐发现了其具有美化的功能后，并演变成了工具与装饰兼而有之的玉佩，这是在商周。至汉代，已完全失去解结的功能，而转化为君子的佩饰，多佩戴于身体一侧，有“左佩小觿，右佩大觿”之说。这件西周玉觿，青玉质。作者巧妙地以龙为主题，抓住凸起之龙角和尖锐之龙尾的特点，辅之于龙体的典型纹饰，完成了一件非常具有艺术审美价值的觿型玉器。这种器型，除材质非“以象骨为之”外，其形状与《说文》中“觿，佩角，锐耑(端)，可以解结”甚是吻合。可见它也是一件既能实用又可装饰的玉佩。至于后来，解结被引申为“解决困难或问题”的意思了，因此以玉觿为佩，寓意童子成年后智慧超凡，世间所有疑难困结之事皆可迎刃而解。成语中有“金断觿决”一词，意为如同金属的刀斧砍物，骨制成的锥子解结，来形容决断迅速——以古器物来概括人的干练和成熟，与这件玉觿一样，也算是一种精妙的文化吧。

年代：西周
名称：玉觿
规格：74*23*5mm

西周时期·玉咬尾龙环

以龙为形，首尾相接，咬作一团的，似可追溯到红山文化玉器。但那时圆雕的居多，因此更显厚重立体真实。延伸至商周，片状环形的多了起来，那是因了切割工艺的进步，可以得心应手地扩大这种环、玦形器型的题材外延，使龙这一形象在玉器艺术中表现得更为生动和丰富多彩。这件龙环，也可称玦——是因头尾相连处被锯割成一缝缺线。但从功能含义看，似称环稍稍为妥。因为以其玉质、工艺和尺寸，一定是礼器中的一件。大概非重大的礼尚往来，不会出现。龙环玉表土黄中带点偏褐，色泽温润饱满，似与土质条件有关。玉质显露处可以看出白玉本质。较薄，却两面设以相似龙纹。龙纹以斜刀手法，行云流水般雕琢出规范纹饰。由于器身较大，因之用刀的幅度也随之变大，这样看去线条更是婉转自如，有如一气呵成。西周的刀法工艺，或已失传。那种大刀阔斧而又流畅飘逸的风采，后来不复再见。至战国与汉代出现了游丝描雕，自然另是一绝。但两者相比，前者如泼墨，气势磅礴；后者如工笔，精细婉约。二种不同的美学境界，各有千秋。现代文明虽然进步到能够上天揽月下海探宝，却无法复原这样的精妙绝伦的玉雕工法，就这一点来说，慨叹古人所具身怀绝技的智慧的同时，对于同样是聪明过人的今人，则不能不说是一种小小的遗憾。

年代：西周
名称：玉咬尾龙环
规格：98*94*3mm

西周时期·玉龙负人佩

我惊讶于古人在玉器雕琢艺术方面的才艺，一点也不亚于后世意大利文艺复兴时期那些伟大的巨匠。这并不是夸张或意气用事。瞧瞧这件西周中期的神龙负人佩吧，你不能不为它精妙的构思和那种直上九霄的张扬气势而由衷折服！题材是通用的那种：龙与人的结合。形制则为环玦状佩饰。三条神龙大、中、小体态不一，却在这件器物上分别担当了三种不同的角色。大龙几乎占据了大部分视野，昂首张口卷尾呈冲天之势，气度昂然，背负一人首龙身合体之神人；神人仰面屈背凸肚；中龙翘唇勾首，双腿上抬，被饰为人身，呈蹲踞状——是一种西周风格非常典型的姿势。神人臀下，则与一小龙之首相连。在表现手法上，为了达到构图的和谐和造型的平衡，玉工巧妙地对三龙的形体进行了得体的剪裁，大者取其整体，中者取其局部，小者取其一点，并调动了一切工艺手段，如出廓、镂空、勾撤、碾琢等技法，予以刻划，刀精工细，可谓鬼斧神工。如此，其灵动如风、飘逸如云、流畅如水、奇异如出神入化般的气息和境界，一一被雕琢得淋漓尽致。因此，无论是内容还是形式上，这件玉龙负人佩在西周玉器艺术的宝库中，都具有其不可低估的价值和地位。

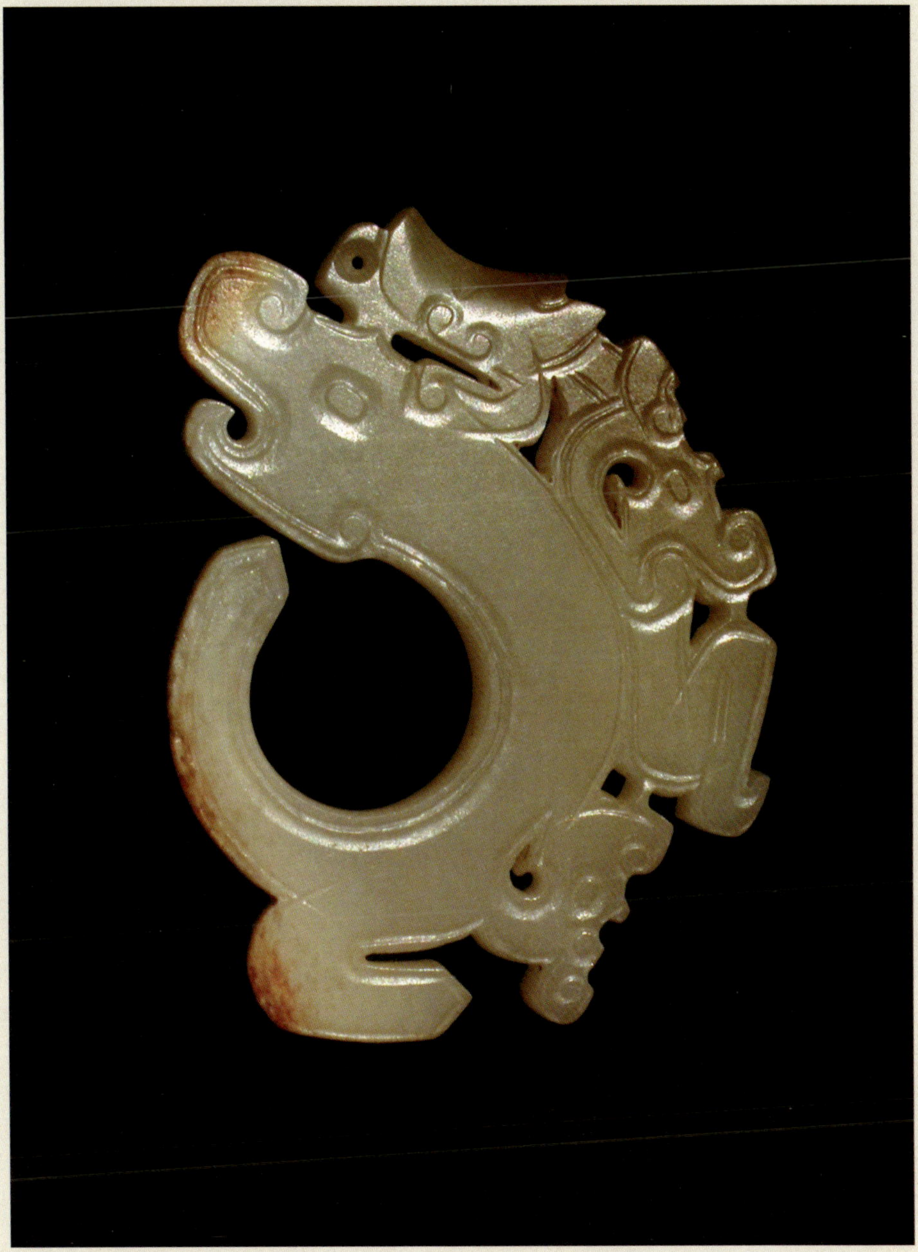

年代：西周
名称：玉龙负人佩
规格：83*63*5mm 西周

西周时期·玉虎

在一件纤细如桔梗般的玉材上，要表现一只栩栩如生的玉虎，那确实是一件不太容易的事情。但这件不太容易的事情，却在两千多年前的西周玉工手上办到了，那即便不算是一种奇迹，也算是一种了不得的绝技吧！确实，从这件西周早、中期的条片状玉虎身上，我们又一次看到了先人的才智和手艺。玉材为白色，通透、莹润；背及尾部见少许红褐沁斑；器型狭长，是一种浓缩了的夸张。但即便是这样的一种浓缩，玉工在刻划时也不忘竭尽精雕细琢之能事，以繁缛的云纹来装饰，以表现虎的壮美华丽。底部平直，而背部起伏曲折，这样来表现动物的动静二可的神态，是商周玉雕动物中的常见手法。玉虎头、尾钻有三孔，其中头部二孔，为双面对钻，为的是表现龇牙咧嘴般的凶猛；尾部单面钻孔，应为系佩之用。可见不同的工艺手法，是可以在同一件玉器上有所表现的。

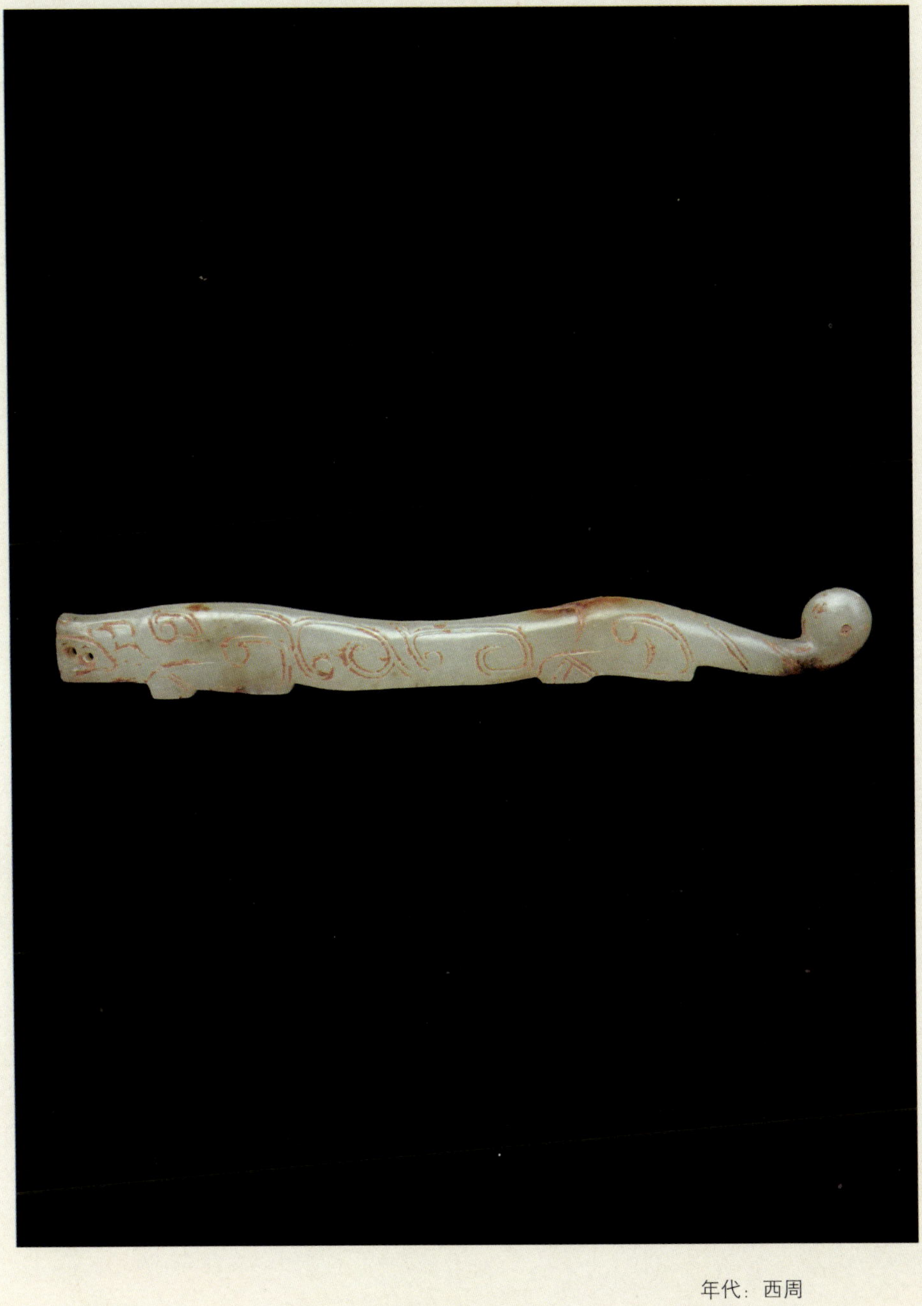

年代：西周
名称：玉虎
规格：100*8-10*4.5mm

西周时期·人鸟合体佩

从形式看,这也是一件有着殷商诡谲遗风的西周早中期玉器。青玉质,条片状,其用途可能为:佩饰或陈设用玉。整器由鸟、人组成一个完整的结构,鸟立足于人首,人则侧面呈蹲立状。在西周,人与龙的组合形玉器比较普遍,而人与鸟的组合也偶有所见,因此这件算是比较别致的构思了。鸟垂尾,翘嘴;人高冠,屈腿下蹲,负鸟而立。鸟与人复合于一体,这样的题材时而出现在西周玉器中,说明商代以鸟为图腾而为时人热捧崇拜的情况在那个时期依然成为一种遗风。不过,与商代特别是殷商不同的是,西周的人、鸟合体,其鸟的形态,从殷商时代大千世界中多姿多彩的各式禽鸟而慢慢地向单一的鸟类——凤鸟转变,体现了西周先人在文化习俗与审美趣味上与商人的不同。在刀法上,这件佩饰错落有致的纹饰和利落流畅的大斜刀工法,是玉工虔诚心态和精湛技艺的极佳体现。玉佩双面同纹,分三个层次:鸟、人首及人身,几乎各占三分之一之多,而且在表现手法上,鸟之抽象和立人之具象,夸张与写实相交融的景象显示出一种情致的浪漫,而不夸张地说,作为一件流传了近三千年的玉器艺术品,它确实具备了一种出奇制胜的艺术效果。

年代：西周
名称：人鸟合体佩
规格：115*30*4mm

西周时期·玉人龙合体形佩

青黄玉质。人首龙身。边缘沁色灰白、土黄与深褐兼而有之，分布匀称。从材质、器型及沁色等各个方面看，这件条状圆雕人龙合体佩无疑具备了西周时期的典型特点。有时对于西周玉器中大量出现人与龙合为一体的情况，猜测既有图腾崇拜的因素，也有古人受了神话传说的影响。信仰、宗教与迷信，可能在这其中都有一定的作用。在那些最早进入远古艺术品题材的动物中，比如龙、鱼、蛙、鸟等等，只有龙这种动物是多变而抽象的。红山时期的玉猪龙是否也是龙呢？未可知。不少深邃的文化远没有得到解析。没有文字记载的考古多数都有臆想的成分。这就是对于历史的无穷探求而给我们带来的无穷的乐趣。说到这件玉器，有佩饰一类的功能。在这么一件长而坚硬的玉件上，在缺乏机械运作的情况下，完全通过原始的手作方式，通天打一个可供系佩的直孔，那"工本"之大不能不令人叹服。察看打孔之痕迹，应为实心桯钻，双面对钻后连通为一体。想象着其时玉工在雕琢时的虔诚和耐心，又不能不肃然起敬。

年代：西周
名称：玉人龙合体形佩
规格：140*32*10mm

西周时期·玉人龙合体形佩

该人龙合体佩为白玉，片状，顶、尾处有灰黑色明显沁块，其中顶部沁重，呈白色几近钙化。在西周，那种人首居上，龙体为身，屈蹲；或人首居中，龙首环绕其周，这样的玉佩，在佩饰类玉器中比比皆是。说明龙在周人的地位确实非同一般。而对于此类人、龙合体玉佩，有学者考证认为是“雨师玉象”，即人们为祈时雨丰年而举行祭歌舞时所佩戴的玉器。其中的主要原因是，西周时不仅认为龙是兴云致雨的神灵，而且进一步认为龙有超乎自然的力量，因此加以大力神化，遂大量出现以人为主体兼以龙为辅的“雨师”这种玉佩。《韩非子·十过》载：“昔者黄帝会鬼神于泰山之上，驾象车而六故龙。风怕进扫，雨师洒道。”这是史前神话传说中的雨师故事。《山海经·海外东经》里的雨师则更为形象：“雨师妾在其北，其人为黑，两手各操一蛇，左耳有青蛇，右耳有赤蛇。”雨师者，即是操纵龙（蛇）的神，亦即龙神的人形化，操蛇即操龙——与西周的雨师玉象相符。至春秋战国，雨师依然是人们现实世界中的神灵。《楚辞·远游》：“左雨师使径待兮，右雷公而为卫。”便是明证。而借龙威而求雨祈安的习俗，据说一直延续至东汉。由此可见，龙的神奇、高贵与福佑功能，早为华夏先民所顶礼膜拜。中华民族之称为龙的传人，也自有其顺乎天理的溯源了。

年代：西周
名称：玉人龙合体形佩
规格：86*20*5mm

西周时期·玉戚齿龙凤纹圭形佩饰

从名称看，“戚齿龙凤纹圭形佩饰”，这种叫法有点别扭。但我认为比较合理。也有叫做“柄型饰”的，但与被认为是柄型饰的器型不太相符。何况柄型饰也是一种比较勉强的称法呢。因此，戚齿龙凤纹圭形佩饰——“戚齿”，指的是器型外缘特点；“龙凤纹”，指的是纹饰特点；“圭形”指的形制特点；“佩饰”指的是功能特点，这样，能够比较完整地把此四者的特点都包含了进去，就显得比较科学和贴切。关于这类纹饰和佩饰，考古发掘的也见得不少，好像有一种定格了的形式。在一些片状的柄型饰上，也是如此组合着龙凤，以及不少同类玉器，其布局与用刀手法，简直如出一辙。可以想见西周的礼制，是渗透在各个方面的，包括琢玉。该器的材质为闪石质青白玉，硬度好，因此边缘虽有近乎钙化的沧桑痕迹，但终究不能长驱直入玉里，依然可以看到莹润亮泽的本色。凤、龙一上一下，交错缠绕，体现了传统题材“龙凤呈祥”的最原始的美学追求。相信东周至两汉时期那些大量的同样是精美绝伦的龙凤组合形玉佩，从艺术构思上源于此也不无可能。没有艺术上的借鉴和传承，也就不会有发展和创新。任何艺术总是相通的。创作规律同样适用于玉器雕塑。如果再从工艺美学角度来认识，勾撤法的运用已经很娴熟了，因此线条委婉流畅如行云流水。这也是西周玉器给我们在视觉感受上所带来的最鲜明的享受。

年代：西周
名称：玉戚齿龙凤纹圭形佩饰
规格：100*39*5mm

西周时期·玉凤鸟

西周　玉龙凤佩（拓片）

灰白色玉，内隐芝麻点黑沁。凤鸟勾喙冲尾，是西周时期熟见的姿态。这种器型，在同时期出土玉器中每每可以看到。大致都呈片状，精致而小巧。其最明显的特点是造型优美线条流畅。它的平衡点处理得非常之好，头、尾几乎呈相同的弧度，两相对称，加上满工饰纹，形成一种灵动俏丽的美感。下部凸榫的出现，可以理解为插入其他器物上作为装饰。而尾部的一孔，则又说明同时可以作为佩饰。因此，这种形制，它在其时日常生活中的用途比较灵活，也愈显它在贵族阶层中的地位并不一般。尤其难能可贵的是，这种灵动俏丽的凤鸟形象，后来日渐成为了此类题材中的美学标准而被大量引用。在战国早期的江苏无锡鸿声越国贵族墓中，三件大小接近、形态相似的玉凤微雕作品，其高贵优雅、展翅欲飞、栩栩如生的造型，完全可以看到这种西周凤鸟的遗韵。直至汉代，这种空灵流转的风姿，常常出现在与游龙或螭虎相伴的玉器上，在雄浑中又徒添了一种秀丽和飘逸，揣测其根底，多数也是在这样的审美过程中，获得了灵感。

年代：西周
名称：玉凤鸟
规格：32*28*4mm

西周时期·玉束琄佩

拥有这片小玉佩的主人，其实地位可不一定渺小。所以这样说，是因为这件玉器的材质非常之好：质地缜密；质白。再加上雕琢与打磨精细，其时能够使用这样的玉器，规格自然是不低的了。这种形制，常常用作颈项装饰，应该是组佩中的一件。可惜余下的都散落了。在《诗经》中，我们得知男女之间有时以“赠之以杂佩”的形式来表示相爱的，但我想以整套玉器佩饰作为爱情的聘礼，那是相当了得！除了宫廷“高干子弟”外，绝对非常人所能消受得起的。而普通贵族男女，有一件或二件这样的宝贝用作定情之物，相信足以能打动对方的芳心了。所以这样说，是因为即使在今天，谁能否认这种玉器也是一件弥足珍贵和时髦的佩饰呢？由于质佳的缘故，当年的风韵，依然依稀可见。外因的沁蚀，也就看不到多少明显的迹象，只是在两端组合处的边缘，有比较局限的点状沁变。纹饰工艺两面相同，中间为浅浮雕束腰形三支弦线，上下以双阴线呈直角修饰，线条虽然简洁，但却秀美而富有立体感。若今人以此作为爱情的信物，相信也是不能算是薄礼了！

年代：西周
名称：玉束琄佩
规格：48*25*3mm

商-西周时期·玉鱼

不说三千年以前的历史，即便在今天，得闲有缘欣赏这件以碧玉制成的薄如蝉翼的拱形玉鱼，那也是一件多么赏心悦目的事情！当然商周时期的有闲阶层，仅仅局限在一个非常狭小的群体内。但恰恰是这个群体，他们拥有那个时代最先进最精致最奢华的劳动成果，因此社会的等级差距也便拉到了极致。这件玉鱼，长八厘米不到，高近六厘米，而厚度则不足零点一厘米。那是一种怎样的工艺？不，应该是一种艺术，一种真可称为鬼斧神工的艺术。它在今人的面前，与电子、生物及航天技术等等相比也许不足称道了，但在那时，在一种完全原始的生产力状况下，不能不认为需要具备惊人的才艺才可以完成。在一个文明程度还处在初级阶段的时代中，凭借着粗劣的工具和简陋的作坊形式，能制造出如此精细、灵巧、秀逸而又不失大气的玉器精品，实在是一件匪夷所思的事情。直至现在，面前这样的一件先人遗物，我们还不得不惊愕于帝王的奢华，是怎样的凌驾于世间万物之上。出于局限，我不能成为今天的玉工，否则我真想亲手作一次这样的临摹，不为作伪，只想亲身体验一下祖先的虔诚与耐心，是以怎样的智慧和精神，得以塑造了如此精美的作品?!

新石器时期彩陶鱼纹盘

年代：商–西周
名称：玉鱼
规格：78*58*1mm

西周时期·玉璜

这件玉器被沁蚀后的色泽沉稳，考察其原因，是材质结构、埋葬环境中的温湿度、与玉器接触的矿物质成分及含量等等所起的作用。就这件玉器初现天日的坑口情况来看，它不是长期生存于一种潮湿的环境之中。后人对这件玉器有过较长时间的佩戴盘玩，才形成这种厚实灵动的外在形态。从掂在手中的厚实感来看，这是一件透闪石类黄玉，结构缜密。只是那种并不优越的藏身环境，让它经不住考验而改变了大部分的本色。但，这也正显示了一种久经风霜后的成熟的美。因此，它的温润，它的厚重，它的大气与规正，以及它的精雕细琢后而表现出来的秀美，都是非常值得玩赏的。玉璜的纹饰，以婉转流动的双阴线卷云纹为主体，呈对称性装饰。它的图案，非龙非风，因此在我看来也许它的装饰性功能更为突出一些。但是我想即便是装饰性的纹饰，它的意义，也一定是存在着的。不管怎样，看上去美，看上去让人动心，这应该是纹饰之于玉器创作的目的之一。在这件玉器上，看到了一种构思与布局之美、对称与平衡之美、自然与流动之美，以及成熟与华丽之美，所有这些，都能给人带来一种愉悦的享受。

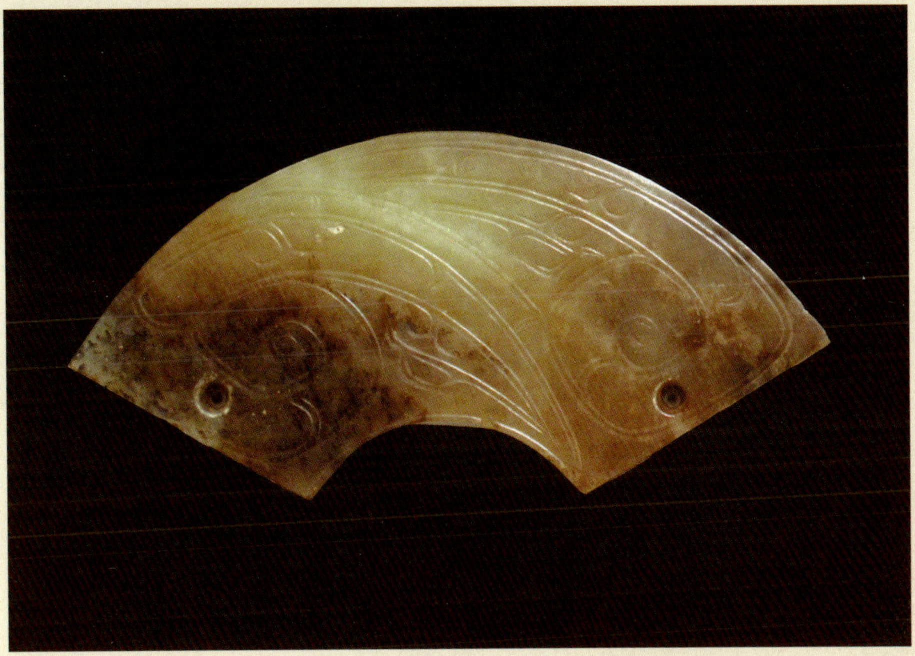

年代：西周
名称：玉璜
规格：120*45*5mm

西周时期·玉人龙合体形璜

新石器时代　玉璜　巫山大溪遗址出土
现藏四川省博物馆

什么叫精美？看看这件玉人龙合体形璜，也许能找到答案。精美的玉器，总是会用好玉琢成。和阗青玉，在其时自然算是屈指可数的美玉了。它的精美处，一是构思奇巧。以两相对称的双人双龙首、人居龙身而龙首昂首于对角的抽象性图案，组合成一种人龙合体的神秘情境，奇特而巧妙。二是工艺精细。人发与龙须以阴刻手法，根根如丝，纤毫毕现。三是工法别致。与前所述商代玉鸟的镂空手法相比较，可以看出两者在风格上的区别。就看器身镂空所出现的逗点号，极具特色而又是西周风格的典型体现。它的工序，是定位后先钻以一孔，然后以菱形三角条状工具拉锯而成，因此看似逗号，与前述商代“刚直”的边缘镂空不同，在效果上同样具有西周线条中的“流利”的特点。这种器型的璜佩，非常大气精致，在组佩中定是起到主题作用的物件之一。看到类似的玉器，有传承收藏的也有经出土考证的，猜想用玉级别非同一般。

年代：西周
名称：玉人龙合体形璜
规格：120*38*4mm

西周时期·双人缠体纹璜

先人在玉器艺术上的创新和独辟蹊径，常常叫人拍案叫绝！这件玉璜，因了纹饰的繁复华丽，差点让我乱了方寸。粗一看以为满饰虺龙交错盘绕，类似像西周向春秋过渡时期的作品。细看才发现纹饰具有典型的西周戴冠贵人的形制特色。璜的两端，为二侧面人首。勾转形臣字目；卷云纹耳；以及微凸的鼻翼，显示是位西周时期的祖灵形象，而华丽的纹饰和精致的工法，更加突出了这一形象的非凡和显赫。难能可贵的是，在器型上，与通常的片状璜佩不同，这件双人缠体纹璜则是整体浑圆，呈条状，是一件精彩的半圆雕作品。玉质奶白，包浆和醇，色感温润。玉表零星可见的黄色沁斑，均匀自然，增加了一种成熟的美丽。而察其刀法线条，一言以蔽之：柔曼流畅！西周的玉璜，以人形或龙形或人龙合体形装饰为主，纹饰抽象变形，而在雕琢上，大致都非常精密。这说明玉璜这一形制，在那个时代是具有非常特别的意义。

虢国博物馆馆藏玉器之神鸟佩

年代：西周
名称：双人缠体纹璜
规格：84*15*5mm

西周时期·玉人龙合体佩

时在西周，人与龙，交相缠绕，融为一体——虽然这样的题材，比比皆是，但每每端详这样的玉佩，总是有百看不厌的感觉。为什么会产生这样的效果？问题是在一个确定的母题之下，呈现出同中有异、异中有同的艺术趣味。此件长方形片状玉佩，原先应为白玉质，但现在看去却已呈奶油般黄白，这是由于岁月和地下水土长期侵蚀的结果。而这种侵蚀，是在一种温湿的环境之下形成的，因此玉表并没有留下锈蚀斑斑的痕迹，却可以从两侧看到呈块状分布的乳白色的水沁。这便是水坑的特征。工艺上除器身出现典型的逗点式镂空外，另有两处三角形镂空的形状也特别惹人注意。这种别致而富于拙朴特色的工艺手法，说明西周以菱形条状为镂空工具的运用已非常普遍和成熟。玉佩双面饰纹。而其中一面，则有凸凹不平的表现，可以看出那是玉料外侧在切割时被留下的天然形态。存乎天然，因形施艺，这也是商周时期（尤其是前朝商代）在玉器形制上给我们判断真赝是非所留下的依据之一。但这样的依据，是以不破坏美的结构为前提的。因此，我们在鉴识商周玉器时，在看到了现象的特点之外，万万不能丢了本质这个纲。而本质便是玉器的时代之美。只有掌握了这样的定力，才有可能提高自身鉴真识古玉的知识和本领。

年代：西周
名称：玉人龙合体佩
规格：115*45*4mm

西周时期·人龙合体佩

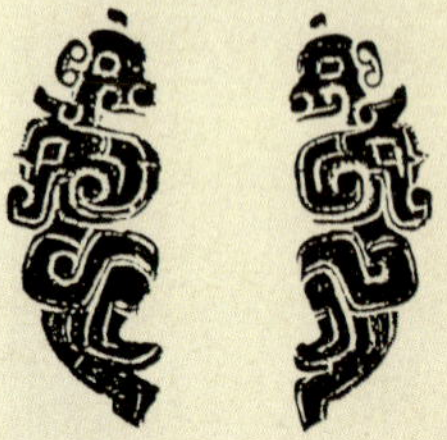

周原出土人龙合形佩

西周玉器的构思造型，总是充满着浪漫主义的精神。这种浪漫主义情愫,更多借助于现实与神话两个世界的交融上。题材则是人与龙或龙与凤的组合。这样的一种人龙或龙凤合为一体的图案组合，我们看到在西周的玉器作品中不断地被表现，说明周人在用玉理念和制度上的变革,已经远远超出了商人的思想范畴。这在观念上,不能不说是一种进步,因为由王室来严格规范玉器的制作与使用,使玉器成为“礼乐”的载体,使之从原始宗教权杖上升为社会政治工具,不能不说是一个重要的变革。而同时带来的弊端是,它也会束缚玉工创造性思维的聪明才智。周人不厌其烦地重复着这样的一种组合,显然是经过了大量思考、比较和筛选后的意识形态在玉器艺术领域中时代风格的表现,凸现了周人对于龙、凤这种具有超人力量的神灵特殊的感情色彩和审美癖好。与通常的人龙合体形纹饰稍稍不同的是,图中这件玉器,虽然同是人首龙身,但双脚上下叠合在一起,形同鱼尾,姿势似舞。这是不是便是《周礼·春官》所载“司巫掌群巫之政令:若国大旱,则帅巫而舞雩……”中的“舞雩”?“舞雩”,求雨之舞也,是当时的一种祭祀大仪,目的是“以祈谷实”,在史书中很容易找到这样的记载。不管怎么说,这种神秘而优美的玉佩,其构图、其纹饰、其姿态,是很容易让人遐想翩跹的。

年代：西周
名称：人龙合体佩
规格：72*23*5mm

春秋时期·虺纹玦

青黄玉。片状。单面工。因为单薄的缘故，沁蚀已经非常严重地破坏了这件玉玦的大部分晶体结构。这样，它的沧桑感越发饱满而成熟。可以看到，外物的侵袭是从玦背开始一点点地向玦口方向渗入的。由是，沁色的过渡由浓到淡从钙化状灰白到墨黑到深褐到浅棕组合成不同层次，加之青黄质开窗本色，色彩甚是丰富。正面以双阴线手法刻琢虺龙纹，布局密集而有章法，线条逶迤流利。这是春秋早期极具代表性的纹饰。玦这种器型，从新石器时期起一直到春秋战国，从未间断过。只是在使用功能上变化较大。多数认为其用途大致可分为：一是耳饰。新石器时代，西周晚期和春秋、战国的墓葬中常有玉玦发现，多放置于死者耳边，应是作耳饰用的。二是佩饰。

春秋　龙首纹玉
摘自上海市文物管理委员会编《鉴余留珍》

许慎《说文解字》云："玦，玉佩也。"三是殉葬品。有人认为玦与"诀"、"绝"同音，表示与死者永别，该是死者的专用品。四是符节。《广韵》云："逐臣待命于境，赐环则返，赐玦则绝。"五是信器。古时将玦用作与人决断、决绝的象征物品。《荀子·大略》云："绝人以玦，反绝以环。"如此看来，别看这种小小的玉器饰物，其所蕴藏的意义却有着非同寻常的内涵呢！

年代：春秋
名称：虺纹玦
规格：40*2mm

春秋时期·玉管

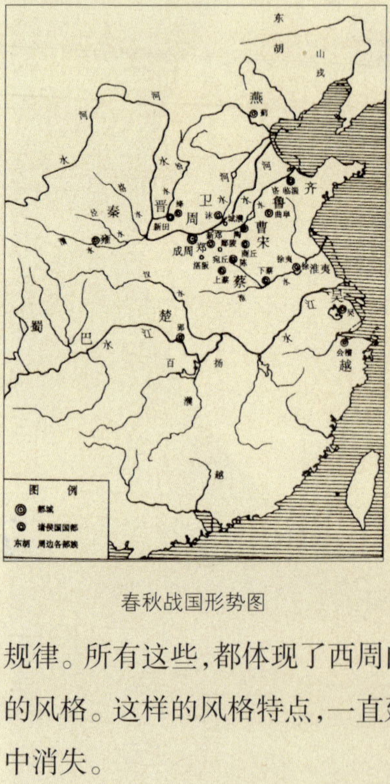

春秋战国形势图

这支纤细的玉管，以白玉琢成。它的沁色，斑驳而丰富，加之质感的柔润，看去愈发招人喜爱。在工艺上，它继承了西周玉器的特色：工于装饰，且以双阴线手法，尽显繁缛之美。而在构思上，整器纹饰则构成一个龙的世界：将众多龙身集结在一起，呈几何状排列，相互交缠同体，形中有形。因此聪明的藏家，总是喜欢以其中的圆形或椭圆形眼睛，来辨认龙首也即龙的个数，不失为一种办法。值得一提的是玉管的线条，看似繁密错杂，令人眼花缭乱；实则有章有法，布局极有规律。所有这些，都体现了西周向春秋时期过渡阶段，在玉器雕琢上所特有的风格。这样的风格特点，一直延续到战国早期，才慢慢在玉器的装饰艺术中消失。

年代：春秋
名称：玉管
规格：64*10mm

春秋时期·玛瑙人形佩

在灯下，常常注视着这件玛瑙人像的行状，总是有种“温良恭谦让”的感觉。他神态安然，表情庄重，双手相交于宽袖，弓背屈膝，呈蹲立行礼状，完全是一种“夫礼者，自卑而尊人”的形象。有时，我甚至认为那简直就是儒家创始人孔子的形象。我所以将此玛瑙人形佩断为春秋，说实在正是基于这样的先入为主的印象。但显然，这是一种不严谨的态度。而不管怎么说，这件圆雕人像，其姿势、神情、打扮和穿戴，确实应该是礼乐制度下的一种产物。因此，如果为这样一件佩饰的年代作一个大概的判断的话，那么，它的上限可能为西周中、晚期，而下限则春秋或战国早期。所以这样认为，也是源于“夏后氏尚黑，殷尚白，周尚赤”之习俗。这种推测，当然含有臆想的成分。不过不可回避的事实是，从发掘考古所显示出来的情况看，在周代，红色的玛瑙（或曰红缟或西红）确实被当作珍贵的玉石材料而广泛应用。我国古书有关玛瑙的记载很多。《广雅》有“玛瑙石次玉”和“玉赤首琼”之说。这件玛瑙人形佩色泽深红艳丽，大小轻重适宜，通天穿孔，应为其时某达官贵人之佩挂之物。因此，与绿松石与水晶等制品一样，在古代的先人们眼里，这样的玛瑙制品，自然同样被视之为珍奇异宝。

年代：春秋
名称：玛瑙人形佩
规格：48*20*16mm

春秋时期·玉武士

自古以来，人物总是在玉器题材中占有重要的一席之地。在国家的各个博物馆里，见过不少的玉人，但很少见到这样的武士玉佩。从造型到雕琢风格，这件玉佩都显得拙朴粗犷。方圆大头，招风大耳，橄榄形双目，月牙状阔嘴；凌乱的胡须；以及看似硬朗的身板，等等，这些细节特征，正好与好战骁勇的武士形象水乳般吻合，也从一个侧面体现了春秋时期诸侯争霸烽火四起的时代精神。更有探寻价值的是，从这件春秋武士玉人的身上，我们比较近距离地看到了远古战时军人全副武装后的真实面貌。显然，这是一位穿盔甲的武士。从胸及背面不同纹饰的表达来看，是一身既美观又具有一定的防御功能的戎装。戎装的正面，胸部及至下身被严严实实地遮蔽了起来。反面，背及臀部亦然，甚至连头部都被有花纹的饰物保护了起来。而腿部，则密密层层地裹满了绑带，以便于行军或作战。这样的装束，虽然显得威风凛凛，但不免让我们看到了刀光剑影般的残酷。今天，当我们在和煦的阳光下端详和欣赏着这件饱经风霜的玉人的时候，是否想过，历史，就是在这种残酷的战火硝烟中，一步步地走过来的。那个武士，已经早已不复存在了，但他以及他们给这个民族所留下的精神，却叫你不得不为之而击掌！

年代：春秋
名称：玉武士
规格：58*22*5mm

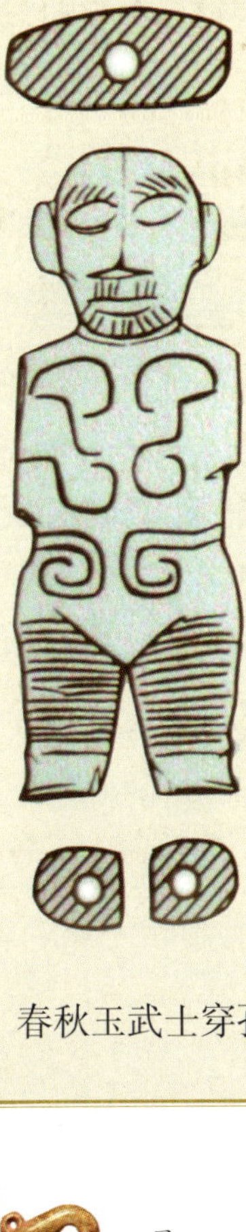

春秋玉武士穿孔图

春秋时期·玉冲牙

白色，局部有淡褐色沁，尾部呈钙化。器片状，形似弧形长牙，上端宽而方，下端略尖；冲牙表面饰单或双阴线虺龙纹，线条密集繁缛，使图案显得华丽。上有一孔，可穿绳悬挂。实际上，冲牙不是单一玉器的名称，它是全佩中的组件之一。《诗经》曰："将翱将翔，佩玉琼琚"，以鸟之"将翱将翔"喻女子形状，又以"将将"这一象声叠字来形容美女的佩玉随车的颠簸而铿锵碰击发出的声音。这种声音，有说便是"冲"与"牙"相撞击而成。因此，从器型看，冲牙应为"玉觿"一类，只是在功能上，它不是用以解结而是用以组成佩饰的器物，并且通常用于组佩的下部，一般成对佩戴，使佩玉者在行走时既能闻见悦耳的声音又能约束举止不至于粗鲁。有考证说，"玉冲牙最早出土于江苏省吴县张陵山良渚文化墓葬中，商代玉冲牙流行，其后历西周、春秋战国，至汉而不衰，汉以后基本消失。"玉冲牙的样式丰富，纹饰构思多样，但在形制上，总是不离"牙"的形态，不离上端粗大，下端尖锐的基本特征，并在此基础上进行夸张变化。其最初的造型，可能来源于兽牙，后来以玉仿之，并改变了其使用功能，变为佩饰，愈受珍爱。这种说法，应该具有一定的依据。

年代：春秋
名称：玉冲牙
规格：86*20*4mm

春秋时期·玉兽

春秋　柱形佩
摘自上海市文物管理委员会编《鉴余留珍》

这件白玉质兽形佩，刻划得非常灵动。它的身躯，呈长条形，一定是从原始玉石的形状构思而来。即从一块长条形的原材上，雕塑一只伸展了身姿跃跃欲奔的神兽，显示了玉工造型创意的功力。所以称为"玉兽"，没有具体的指向，是因为实在无法端详出它的实体特征。虎？鹿？狼？狗？都有点像但都不是。加上二支披头的竹节状细长弯角，使玉兽更是呈现出一种神奇的形象。头部凸显的浮雕大眼和腹、背部短小密集的须毛，此三项足见刀法是排除在西周以上的时代特征了。玉工的高明之处还在于：玉兽虽因原料所限身骨细长，但为表现出它的凶猛和精神，则通过饱满有力的肌肉；昂首张口、龇牙咧嘴的神态；和屈腿匍伏、蓄势待发的动感，使玉兽一改貌似瘦弱的形体而尽显神采奕奕之风采。再看细节的刻划：臀部圆润而丰满；而背及腹部则碾磨得曲折平滑而起伏有致；头及颈部被拉长了，占全身的三分之一比例之多——那是一种得体的夸张；四条长腿紧张地蜷缩着——结合圆睁的双目和上扬的兽面，在威武之外，你是不是还可以体味到，那神态，抑或还是一种咄咄逼人的警觉和对峙？

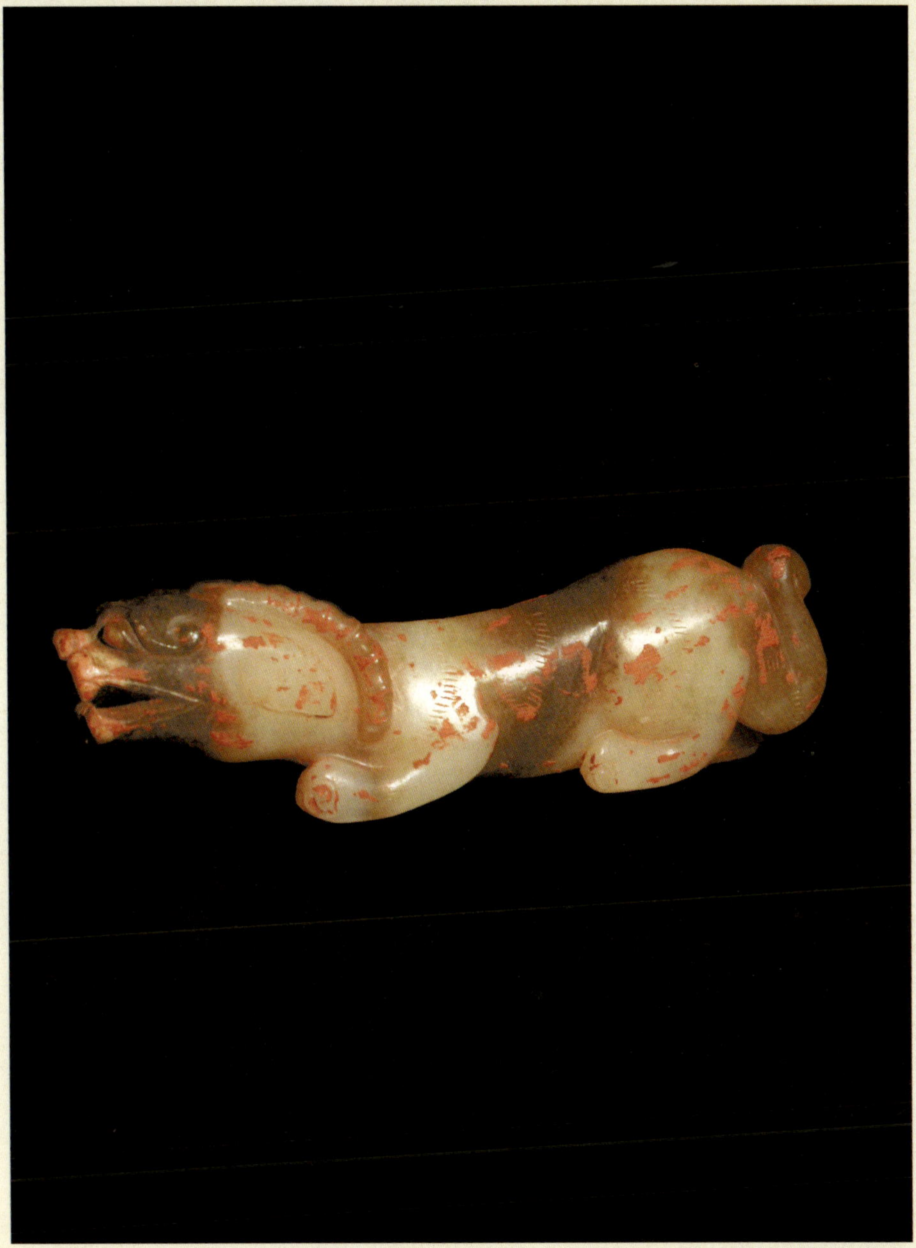

年代：春秋
名称：玉兽
规格：116*35*18mm

春秋时期·玉兽

黄玉。圆雕。张口回首。一孔从颈部打入，经腹部由尾端通出。这样，可以断定它是供前人佩挂的玉器。玉兽呈静态状，体形肥硕，身躯的各个部位比例恰当。在用刀刻划上，头、尾及兽身以双阴挤阳手法，琢以水波纹及云纹，起到很好的装饰效果。总体看来，玉兽造型手法抽象。这与我们看到殷商时期那些大量逼真写实的具象类肖生动物玉器，具有明显的区别。从形体看，应是虎一类的动物。但由于因材裁剪，在一个近似长方形的轮廓中，我们看到的只是一个健壮的身躯和敏捷的姿态。那姿态，是通过玉兽“回首”的处理来表现的。这种以“回首”来表现动物警惕、敏锐本能的处理手法，每每见之，而最早可以在上海金山出土的良渚文化陶器残片上找到端倪，即出现了鸟体修长的回首鸟纹。尔后，至商周，时有所见。到战国时期，这种造型手法如“回首龙”等则已被普遍运用，成为一种创作定律了。因此有学者研究认为，周代之前玉器（包括青铜器）中的动物造型中的回首安排，“似有它的艺术情境，则不得不尔，而非作态。”“……其中潜寄了一种追求传神的艺术意识……是对动感生命的强调……”（王政：《战国前考古学文化谱系与类型的艺术美学研究》）。事实也正是如此，我们从这件青黄色的玉兽以及本书其他肖生动物的回首状中，是可以领略并感悟到这样的一种出奇制胜的美学效果的。

年代:春秋
名称:玉兽
规格:60*38*16mm

春秋时期·玉璧

这样的尺寸，显然是用作装饰的玉，较小，一般称之为“系璧”，佩戴在身上，以显示君子的风采。此环为黄玉质，长期受沁后钙化严重。去地隐起的浅浮雕技法，抽象简化的龙纹图案，以及圆润饱满的画面，高低起伏和疏密有序的布局，给人一种寓意深远的立体效果和诡谲奇巧的神秘色彩，等等，这些都非常具有春秋时期玉器雕琢的艺术特点。环的两面是同样的纹饰，如果从纹饰中的椭圆形小眼去辨别龙首的话，那么每个环的一边则可以找到四个呈侧面造型的龙首形状，翘唇，吐舌，满身饰云纹。在夏商之后，对于龙的崇拜，于东周似乎更为突出。春秋之际以这样的龙首为题材的云纹状环、璧或勒子之类，也几乎成为一种雕琢定律。当然，除了图腾崇拜的因素之外，审美风格的嬗变也是一个重要的因素。这样的玉器，精致而又生动，繁缛而又不失富丽，很能体现进入春秋时期以后政治上诸侯争霸、学术上百家争鸣、文化艺术上百花齐放，尔后才有玉雕艺术从一个高潮进入另一个高潮的繁荣局面的气象。

西汉　螭纹玉饰　1997 年江苏刘集镇联营 3 号汉墓出土

年代：春秋
名称：玉璧
规格：37*4mm

春秋时期·玉瑗

审视这品玉瑗，同样有三美：一、美质。为非常优良的和阗白玉，色泽纯净，几无瑕点，非常符合“润泽以温”的特质。二、美沁。整器均匀分布着浓淡不一的黄、褐色沁状，艳而不妖，淡而不滞。更有一侧钙化处，尽显岁月磨砺之气。如此佳质，被侵蚀成这样的风貌，足见其所处环境的恶劣。少有温湿水土，多有干热地气，才是致因。三、美纹。细察这品白瑗，同样的饱满润圆的风格、同样是繁缛密集的布局、同样是一丝不苟的工法，却在纹饰的形态上，形成了不同一般的表现，那就是这里以龙首纹出现的图案，在排列上更显紧凑和夸张。正反二面八个龙首，张口卷唇吐舌，湮没在密集的云纹之中，构成了这品白瑗的主题图案。由此我认为，这种密集的“云纹”，也通常被叫做虺龙纹或蛇纹的，实则未必与“虺”有关。它们应该便是龙的衬托，因此叫“云纹”似乎更为恰当。这与龙的腾云驾雾的特性正好相符。这样来推敲春秋时代那些围绕在龙首周围的繁缛隐起的纹饰，理解为遍布在上苍的大片的云朵——玉器的高贵而神圣，就更能彰显出来。

年代：春秋
名称：玉瑗
规格：111*5mm

春秋时期·玉璜

这种器型，有人称之为“扇形玉璜”，大概是因为它的形状，犹如一柄打开了的扇子，倒也形象。但这与“半璧为璜”的概念，已经有很大的差别了。春秋（前770—前475年）在历史上存在的时间不是太长，但那种争霸天下翻天覆地的变化，却是给后人留下不少可圈可点的足迹。春秋时代的玉器艺术，就有独树一帜的风格。它不但在内涵上给玉器蒙上了一层道德化和人格化的面纱，而且一改商周玉作那种拙朴诡谲的风貌，创造了一大批从造型到图纹到工艺手法都为之一新的艺术珍品，从而使这一时段的玉器雕塑因其别具特色而大放异彩。这件扇形玉璜，无论从形制、构图还是刀工上，即具非常鲜明的春秋风格。由盘绕交错缠绵逶迤的蟠虺纹组成的主体线图，通过疏密有致的交织，给人以腾云驾雾的视觉感受中，塑造了三个相向不一的侧身龙首的形象。这样的表现手法，朦胧中增加了一层神秘气息，是春秋玉工每每应用的构思技巧。它所形成的效果，是让我们第一次领略到龙的精神，原来是可以这样渗透在那种抽象而精雕细琢的艺术创造中的。

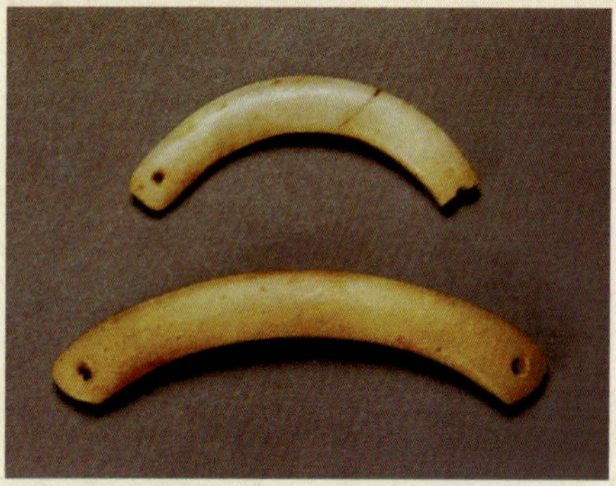

新石器时代　玉璜　宜昌中堡岛遗址出土
现藏宜昌市博物馆

年代：春秋
名称：玉璜
规格：95*33*4mm

战国时期·带钩镶玉璧

汉代　鸭首玉带钩
摘自上海市文物管理委员会编《鉴余留珍》

战国诸侯贵族的尚玉之风，从这件镶玉带钩上亦可见一斑。带钩其实不大，形制也看似普通，但那种镶玉鎏金的工艺，还是让我们看得出主人的追求与癖好，是非常不俗。别看一块仅为二厘米直径的小小的青白玉小璧，它作为一件鎏金带钩的附设，应该是既有艺术创意又有高贵品位的一种创造。璧为灰白玉质，微透明，玉里见有黑色芝麻点，是一种三代以来常用的材质。玉表布满了云雾般沁块，为水土长期入侵留下的迹象。因是素面，也愈发衬托带钩的简洁和端庄。打量它，有时也想，如果璧的上面雕刻有一组浮雕的蟠螭，翻江倒海腾云驾雾的样子，那才精彩斐然！不过回头再想，这样的组合，精彩是精彩，但却有喧宾夺主之嫌，也便打乱了整体的平衡——那璧，毕竟是附件。但即便如此，这样的实用器物，对于体现战国时代"君子无故，玉不去身"的儒家风采，倒也是名副其实的。

年代：战国
名称：带钩镶玉璧
规格：18*3mm

战国时期·水晶蟠螭佩

在古代，水晶与玛瑙、绿松石等材质一样，长期以来一直作为玉的替代品而被广泛使用。先人在缺乏矿物学原理的情况下，视觉感受是对玉材选用的唯一原则。可见水晶在古人的眼中如同玛瑙、绿松石等等一样，因其透亮坚硬，而才得以与玉同日而语的。这件水晶蟠螭佩，团身呈椭圆形；勾首，卷尾，形成一极好的佩饰造型。蟠螭方头、猫脸、圆眼、大鼻、耳朵方圆呈几字；双腿肌骨强健而鲜明；脚爪尖锐而抓着有力，看着凶顽威猛，不能不说是动态十足、气势非凡。这非常符合其时诸侯林立争雄称霸的社会背景。由于水晶的硬度，通常达到摩氏 7 度，因此凭它的筋骨，是很耐得了恶劣环境的考验，如果环境优越，自然更显熟亮，这便是这件佩饰虽历经两千多年却依然基本保持本色的原因。而要说变化，大概在透明度与光气上，与今物有所不同。那里所隐隐透出的浑厚和内敛，则是一种成熟的标记。一定要区别，靠你的灵性去感悟。

西汉　龙形玉佩　1997 年江苏刘集镇联营 4 号汉墓出土

年代：战国
名称：水晶蟠螭佩
规格：56*35*5mm

战国时期·玉瑗

玉瑗，简单地说，就是大孔的璧。古人以“好”与“肉”的大小来区分璧、瑗与环的形制，已成定论。不太明白的是它们的用途。璧在礼聘、佩戴及殓葬中的使用曾有诸多文字记载或出土实证。而瑗，也有解释为与“援”同义，孔大，便于两人抓握相援。诚如《荀子·大略》所说：“问士以璧，召人以瑗”。而在之前，考证报告也有说良渚先人曾以此型玉器用作腕饰。这就说明，玉器的使用功能有时也具有多重性，或者随时代的演进而有所改变。有时看到红山文化出土众多的玉猪龙，大者庞然，小者玲珑，虽同为神器，但在使用方式和功能上有些什么区别？就颇有犯疑。商周玉器同样，不少体积硕大的器型，当作祭祀时摆设，可以理解。但却又钻有系孔，是供垂吊还是佩戴？无法想象。见过一些图文，依照今人的想象对祭祀场面或使用方式作过描绘，但那不过是想象罢了。有谁见过呢？就如宋以后出现不少仿汉的玉璧，文人墨客多有佩之，那不是因为祭天，而是为了怀古。这种演变发展的轨迹，有的可以推论，有的则已无从考证。而在功能的理解上，有时似乎不应拘泥于一格，在一些特定的时代背景下，玉器在帝王贵胄的眼里，只是一种神圣不可冒犯的符号罢了！

年代：战国
名称：玉瑗
规格：163*5mm

战国时期·玉璧

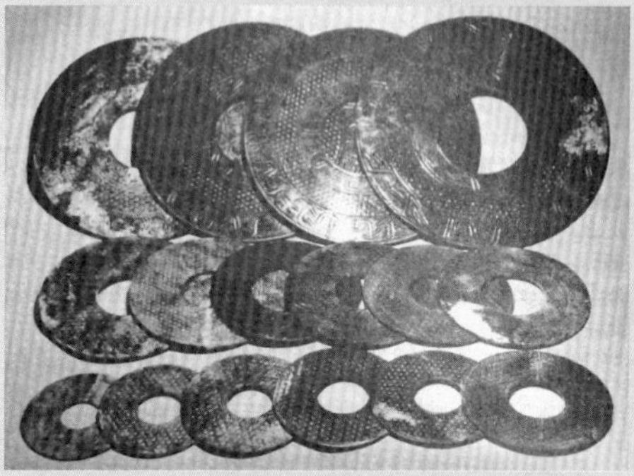

鲁国故城出土玉璧

我有时思忖，人们对于汉之前各个阶段的高古玉器，在喜好程度上为什么会出现那么大的偏颇呢？若说红山、良渚；齐家、龙山；商周、战汉……虽风格各异，但奇珍异宝，无有高下之分，各各体现了华夏文明瑰丽辉煌的一个侧面。而相比之下，热爱战国与汉代古玉的圈子，确实更为广泛了一点。那么这里的原因，除了文化体验上的差异之外，另外一个不可忽略的因素是，战国与汉代的玉器，在玉质的选取、器型的大小、题材的引用，以及构思艺术和审美习惯的表现上等等，都与今人的趣味有着很多吻合的地方。比如玉材基本为和阗透闪石质；器型也完全开始适应了"君子佩玉"的需要；题材以龙、凤、神兽、辟邪等居多；而由于美学内涵的不断发掘和雕琢技术的日渐进步，玉器作为时代精神的体现，工艺愈益精当气韵也愈益生动，等等。这样的古玉，不喜欢自然是没有理由的了。图中的玉佩，即为战国与汉代之间的遗物。无须多加评说了，细细品鉴它的形、质、神、工等诸多方面，对于如上所述那种内涵与精神的体现，应该就是一个很好的注脚了吧？

年代:战国
名称:玉璧
规格:53*1.5mm

战国–西汉时期·玉剑璏

东周以后,玉器在艺术风格上进入了一个崭新的阶段,那就是追求一种俊朗、飘逸、大气磅礴的气势。这种风格,从战国时期到西汉早、中期,其表现更为突出。因此这个时期的玉器中,我们会发现,较之于前朝,无论是玉器的形制,还是整体构思,或是题材的选择上,都体现出一种"大气"的特质。精致、尺寸不等的玉璧又开始大量出现;造型与纹饰愈发彰显律动之美。而在肖生类玉器的题材选择上,只有那些给人雄健、勇猛之感的龙、虎、熊、马等有限的一些物种被保留下来继续运用。抽象类动物中,除了龙、凤之外,则大量再现了螭龙(虎)这种传说中若有似无的怪兽。这种怪兽,常常被屈体缠尾、穿云破雾,活脱一副精神抖擞、生龙活虎的模样,让人顿觉神爽气昂。这样的气韵,恰恰与那个时代"大风起兮云飞扬"的历史背景非常吻合。我们说所谓古玉的内涵,就在于能够透过古玉本身的造型、工艺等特点,看到在它身上所承载的历史文化信息。这件白玉剑璏,浮雕螭龙,尾后随一猴脸小人,器身大气,构图怪异。它的出现,对于我们理解那个时期锋芒毕露、气韵生动的玉器雕琢风格特点,也许具有一定的帮助。

汉代　剑饰
摘自上海市文物管理委员会编《鉴余留珍》

年代：战国-西汉
名称：玉剑璏
规格：96*28*17mm

汉代时期·玉剑珌

战国　龙纹玉佩　摘自网络资料

喜欢这件古玉的光气、质感和沁色。井井有条的方折云纹组合成抽象兽面，因装饰于剑类兵器，自然想到的是刀刃相见的血腥气息。沁重，使剑珌色彩呈阴阳两面，一面白质本色显露，玉色如脂，晶莹润泽；另一面五彩沁蚀斑驳陆离，光柔如蜡，或乳白、或奶黄、或深褐、或酱红，直入玉里几成鸡骨白状态。这种情况，完全与长期在水土中受浸面的接触位置有关。器身呈梯形，中间厚实，边缘薄如刀刃，线条见轻微弧度，圆润流利；中轴两侧作对称式的排列；斜坡过渡自然，立体感强。双面同工，纹饰工整、对称、协调。画面肃穆而和谐，但在这种肃穆和和谐中，我们还是能看到两千年前的那种烽火硝烟，是如何的剧烈。因为它所依附的主人，一定是带着它在疆场上驰骋过不知多少回呢。而所有的英雄，都不过是历史舞台上的匆匆过客。只有美玉，以及那种叱咤风云的精神，才会永存。

年代：汉代
名称：玉剑珌
规格：45*41*16mm

汉代时期·玉璧

西汉　玉舞女　现藏江西省博物馆

这件桃形出廓玉璧，为和阗白玉，玉质精良。相信是一件规格不低的佩饰类玉器。双面为隐起谷纹，上端镂雕几何对称形出廓桃形装饰，奇巧而别致。玉璧的沁状，是典型的糖沁，浓淡晕散而自然。边缘则散见几迹朱砂沁斑，红颜如血。朱砂能沁入玉里，说明外力对于这件玉璧的入侵作用是非常的强烈。但优良的玉器，就是具有这种品性，即外力的作用，只能改变其外貌，而不能改变其内蕴四射的光华。观此玉璧，即为明证。虽染迹于污泥，而剔透温和、润泽如凝脂的质感依然熠熠生辉。这便是古今“君子”，因爱玉成痴而跨越时空与之结成知己，其缘由盖出于此也！

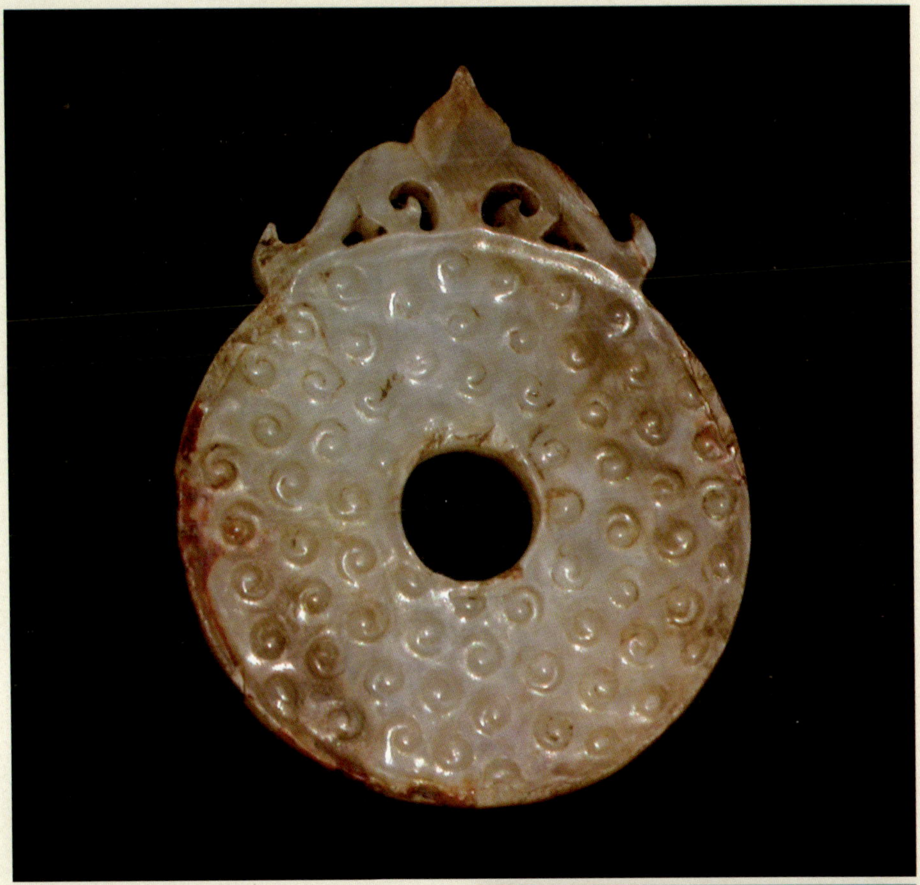

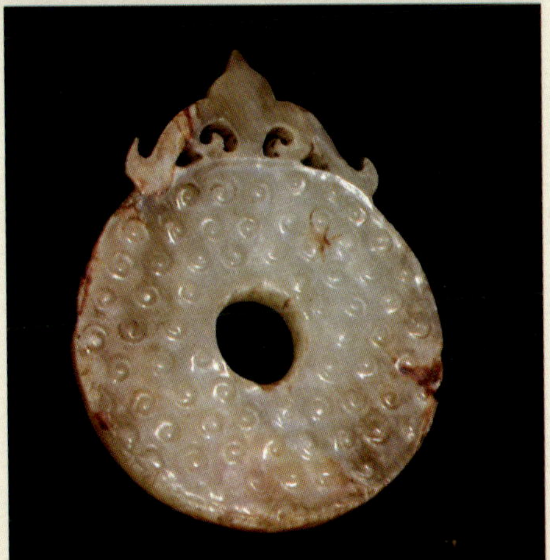

年代：汉代
名称：玉璧
规格：56*45*4mm

汉代时期·玉兽

像这样的玉兽，在汉代，常常被叫做“辟邪”。从它的色泽看，我首先认为，这也是一件从含有较多的三价铁离子的水土中钻出来的动物玉器。它身上部分厚厚的浅褐色灰皮，与我在某地某景区一个铁离子含量较高的温泉水池边的附着物有点雷同。是比较普遍的一种糖色沁状，不想赘述。再说汉代的辟邪，又不能不说到神韵。神韵的归结点，就是看是否“够凶猛”！汉代的迷信思想较重，主人希望用它来达到镇邪驱恶护身的目的，自然必须突出它的威武、壮硕，否则不足与“魔鬼”抗争。因此看这件玉兽，龇牙咧嘴，双目圆瞪，挺胸凸肚，长角利爪，煞是警觉、灵敏，凶恶可怖。在技法上，又根据形象塑造需要，深雕处则深雕（如五官），细琢处则细琢（如腹背与鼻翼），用刀得当，刻划生动，使玉兽在粗犷中平添了几分机灵。类似这样的作品，也偶有所见。但如有缘得之，是否具有汉风，我的体会，是每每不断的放在案头、手边端详，看它的气韵，有没有在你的视野中最终荡然消失。如若不消三天，你对它已完全觉得乏味并且无法感受到它身上的那种气势，那么，不妨丢弃它吧，因为它经不起时间的考验。反之，可以珍藏，它会给你带来永久性的美感。

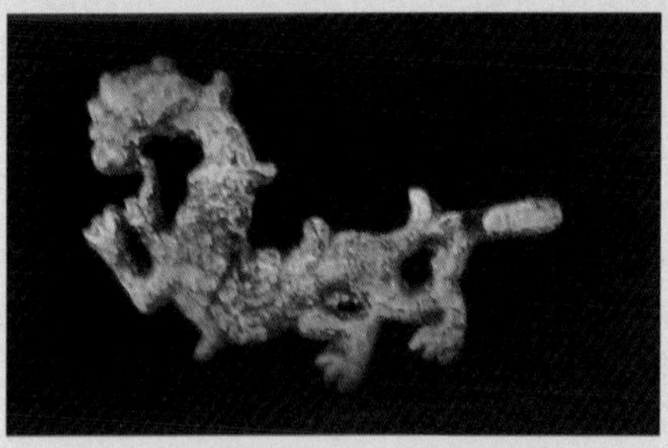

汉代　虎形带钩　现藏秭归县屈原纪念馆

年代：汉代
名称：玉兽
规格：50*36*36mm

汉代时期·玉马首

与殷商时期百兽飞禽尽入题材的情况不同，战国两汉时期，动物件玉器远没有先前那般丰富和广泛。而且在对物种的喜好上，也似乎比较局限。神话题材方面，龙凤、蟠螭与辟邪是广为引用的素材。而在现实方面，则以马、鹿、猪、羊等一些适合驯养的家畜居多。这里是否也在某个角度反映出社会进步的一个因子？与殷商不同，在经过了大约一千多年的历史进化，人类从比较原始的游牧与农耕生活中解脱开来，对自然万物的特质性状有了更多的了解和认识，因而日渐取得了掌控它们的主动权，在不断的征服与筛选中，形成了符合自身生存条件需要和生产力发展的物种崇拜，以至于来装点身前身后的生活，不正是一种很好的说明？因此在一些汉代的墓葬中，陶制或玉琢的这样的动物，会经常出现。见过一件腾空飞跃、回首长啸的陶制战马，那种雄壮威武的造型，和飞动流畅的气势，足于将观赏者陶醉。这件玉马首，虽不算精致俏丽，且已有残断，但那种干净利索的轮廓造型和寥寥数笔画龙点睛式的刀迹，实在也能算作是大雅若拙般的杰作了。

东汉　螭纹玉环
摘自上海市文物管理委员会编《鉴余留珍》

年代：汉代
名称：玉马首
规格：90*40*5mm

图录索引

新石器时期

商周时期

春秋战国时期

两汉时期

后 记

在这部拙著临将脱稿的时候，传来了一个非常不幸的消息：四川汶川发生了里氏八级的大地震灾害。我不得不中止了手中的稿子，连续好长时间，久久地沉浸在地震给我们的同胞们所带来的灾难和痛苦中。

在这个举世震惊的国难之前，我一时变得手足无措起来。我不知道我能做些什么？也不知道我有能力做些什么？我想我唯一所能做的，就是捐款、默哀、祈祷……那些所有常人都能做到的最普通的事情。我感到羞愧而内疚。但我清楚自己力量的微薄，似乎没有更多的办法可以有所作为了。

然后，整整几天，我急切地关注着从电视或收音机等媒体中关于这个灾难的信息，但一打开电视画面或一拧开收音机开关，我又想立刻离开，我的心就会跟着主持人的报道不由自主地颤抖起来。我总会禁不住热泪盈眶——一个个痛苦的场面和一幅幅感人的镜头让我不忍卒睹。

一到晚上，我就望着桌头上那仅有的几件灵玉发呆。我祈望它们能够显灵，把天翻地覆的景象重新改变过来，拯救那些苦难的身心。但无济于事。我相信上古的祖先曾经对于它们试图改变自己的命运确实寄予过强烈的希望，以玉为万灵之物，供奉于巫神。而现在它们所以失灵，大约是因为浮华世俗亵渎了它们？鱼龙混杂、真赝不分；尔虞我诈，利欲熏心……千秋美玉怎能承载得了这样的屈辱？人心不古，则古玉不醒……于是我只有对着窗外的天空，对着上天，以人类中一个渺小生灵的那颗虔诚的赤子之心，为被地震掩埋下的躯体、和从掩埋中逃生出来的同胞，默默地祈祷！我祈祷从此以后，再也不会有地震、飓风、瘟疫、战争以及一切灾难！我祈祷天下从此安宁、和谐、美满和太平！

现在，我在师长、朋友、亲人和同好们的支持帮助下（特别感谢故宫博物院的张广文先生，百忙之中为我寄来了题字），续完了这本微不足道的拙著，其间却感受到了一种惊天动地的人间灾难。我写下这些牛头不对马嘴的话作为本书的后记，为的是让读者在翻阅这本小书的时候，永远记住这个令人难忘的日子：2008 年 5 月 12 日——国难，汶川大地震！

作　者

2008 年 5 月 29 日于无锡农汉山庄